TRANZLATY

El idioma es para todos

Taal is voor iedereen

El llamado de lo salvaje

Als de natuur roept

Jack London

Español / Nederlands

Copyright © 2025 Tranzlaty
All rights reserved
Published by Tranzlaty
ISBN: 978-1-80572-845-0
Original text by Jack London
The Call of the Wild
First published in 1903
www.tranzlaty.com

Hacia lo primitivo
In het primitieve

Buck no leía los periódicos.
Buck las de kranten niet.
Si hubiera leído los periódicos habría sabido que se avecinaban problemas.
Als hij de kranten had gelezen, had hij geweten dat er problemen op komst waren.
Hubo problemas, no sólo para él sino para todos los perros de la marea.
Niet alleen hijzelf had het moeilijk, maar alle andere honden in het water.
Todo perro con músculos fuertes y pelo largo y cálido iba a estar en problemas.
Elke hond met sterke spieren en warm, lang haar zou in de problemen komen.
Desde Puget Bay hasta San Diego ningún perro podía escapar de lo que se avecinaba.
Van Puget Bay tot San Diego kon geen enkele hond ontsnappen aan wat hem te wachten stond.
Los hombres, a tientas en la oscuridad del Ártico, encontraron un metal amarillo.
Mannen, die door de duisternis van de Arctische zee tastten, vonden een geel metaal.
Las compañías navieras y de transporte iban en busca del descubrimiento.
Stoomboot- en transportbedrijven waren op zoek naar de ontdekking.
Miles de hombres se precipitaron hacia el norte.
Duizenden mannen haastten zich naar het Noordland.
Estos hombres querían perros, y los perros que querían eran perros pesados.
Deze mannen wilden honden, en de honden die ze wilden, waren zware honden.
Perros con músculos fuertes para trabajar.
Honden met sterke spieren waarmee ze kunnen werken.

Perros con abrigos peludos para protegerlos de las heladas.
Honden met een harige vacht om zich te beschermen tegen de vorst.

Buck vivía en una casa grande en el soleado valle de Santa Clara.
Buck woonde in een groot huis in de zonnige Santa Clara-vallei.

El lugar del juez Miller, se llamaba su casa.
Rechter Miller's Place, zo heette zijn huis.

Su casa estaba apartada de la carretera, medio oculta entre los árboles.
Zijn huis stond een stukje van de weg af, half verborgen tussen de bomen.

Se podían ver destellos de la amplia terraza que rodeaba la casa.
Je kon een glimp opvangen van de brede veranda die rondom het huis liep.

Se accedía a la casa mediante caminos de grava.
Het huis was bereikbaar via een oprit met grind.

Los caminos serpenteaban a través de amplios prados.
De paden kronkelden door uitgestrekte gazons.

Allá arriba se veían las ramas entrelazadas de altos álamos.
Boven ons hoofd hingen de takken van hoge populieren ineengestrengelde takken.

En la parte trasera de la casa las cosas eran aún más espaciosas.
Aan de achterzijde van het huis was het nog ruimer.

Había grandes establos, donde una docena de mozos de cuadra charlaban.
Er waren grote stallen, waar een tiental stalknechten stonden te kletsen

Había hileras de casas de servicio cubiertas de enredaderas.
Er waren rijen met wijnranken begroeide huisjes voor bedienden

Y había una interminable y ordenada serie de letrinas.
En er was een eindeloze en ordelijke reeks buitentoiletten

Largos parrales, verdes pastos, huertos y campos de bayas.
Lange druivenranken, groene weiden, boomgaarden en bessenvelden.
Luego estaba la planta de bombeo del pozo artesiano.
Dan was er nog de pompinstallatie voor de artesische put.
Y allí estaba el gran tanque de cemento lleno de agua.
En daar stond de grote cementtank, gevuld met water.
Aquí los muchachos del juez Miller dieron su chapuzón matutino.
Hier waagden de jongens van rechter Miller hun ochtendduik.
Y allí también se refrescaron en la calurosa tarde.
En ook daar koelden ze af in de hete namiddag.
Y sobre este gran dominio, Buck era quien lo gobernaba todo.
En Buck was degene die over dit grote domein heerste.
Buck nació en esta tierra y vivió aquí todos sus cuatro años.
Buck werd op dit land geboren en woonde hier al zijn vier levensjaren.
Efectivamente había otros perros, pero realmente no importaban.
Er waren weliswaar nog andere honden, maar die waren niet wezenlijk van belang.
En un lugar tan vasto como éste se esperaban otros perros.
Op zo'n uitgestrekte plek als deze werden andere honden verwacht.
Estos perros iban y venían, o vivían dentro de las concurridas perreras.
Deze honden kwamen en gingen, of leefden in de drukke kennels.
Algunos perros vivían escondidos en la casa, como Toots e Ysabel.
Sommige honden leefden verborgen in het huis, zoals Toots en Ysabel.
Toots era un pug japonés, Ysabel una perra mexicana sin pelo.
Toots was een Japanse mopshond, Ysabel een Mexicaanse naakthond.

Estas extrañas criaturas rara vez salían de la casa.
Deze vreemde wezens kwamen zelden buiten het huis.
No tocaron el suelo ni olieron el aire libre del exterior.
Ze raakten de grond niet aan en snuffelden ook niet in de buitenlucht.
También estaban los fox terriers, al menos veinte en número.
En dan waren er ook nog foxterriërs, zeker twintig in aantal.
Estos terriers le ladraron ferozmente a Toots y a Ysabel dentro de la casa.
Deze terriërs blaften fel naar Toots en Ysabel binnenshuis.
Toots e Ysabel se quedaron detrás de las ventanas, a salvo de todo daño.
Toots en Ysabel bleven achter de ramen, veilig voor gevaar.
Estaban custodiados por criadas con escobas y trapeadores.
Ze werden bewaakt door dienstmeisjes met bezems en dweilen.
Pero Buck no era un perro de casa ni tampoco de perrera.
Maar Buck was geen huishond, maar ook geen kennelhond.
Toda la propiedad pertenecía a Buck como su legítimo reino.
Het gehele landgoed behoorde Buck toe, zijn rechtmatige domein.
Buck nadaba en el tanque o salía a cazar con los hijos del juez.
Buck zwom in het aquarium of ging jagen met de zonen van de rechter.
Caminaba con Mollie y Alice temprano o tarde.
Hij liep met Mollie en Alice in de vroege en late uren.
En las noches frías yacía junto al fuego de la biblioteca con el juez.
In koude nachten lag hij met de rechter voor de open haard in de bibliotheek.
Buck llevaba a los nietos del juez en su fuerte espalda.
Buck reed op zijn sterke rug rond met de kleinzonen van de rechter.
Se revolcó en el césped con los niños, vigilándolos de cerca.
Hij rolde met de jongens door het gras en hield hen nauwlettend in de gaten.

Se aventuraron hasta la fuente e incluso pasaron por los campos de bayas.
Ze waagden zich tot aan de fontein en zelfs voorbij de bessenvelden.

Entre los fox terriers, Buck caminaba siempre con orgullo real.
Tussen de foxterriërs liep Buck altijd met koninklijke trots rond.

Él ignoró a Toots y Ysabel, tratándolos como si fueran aire.
Hij negeerde Toots en Ysabel en behandelde hen alsof ze lucht waren.

Buck reinaba sobre todas las criaturas vivientes en la tierra del juez Miller.
Buck heerste over alle levende wezens op het land van rechter Miller.

Él gobernaba a los animales, a los insectos, a los pájaros e incluso a los humanos.
Hij heerste over dieren, insecten, vogels en zelfs mensen.

El padre de Buck, Elmo, había sido un San Bernardo enorme y leal.
Bucks vader Elmo was een grote en trouwe Sint-Bernard.

Elmo nunca se apartó del lado del juez y le sirvió fielmente.
Elmo verliet de rechter nooit en diende hem trouw.

Buck parecía dispuesto a seguir el noble ejemplo de su padre.
Buck leek bereid het nobele voorbeeld van zijn vader te volgen.

Buck no era tan grande: pesaba ciento cuarenta libras.
Buck was niet zo groot, hij woog honderdveertig kilo.

Su madre, Shep, había sido una excelente perra pastor escocesa.
Zijn moeder, Shep, was een prachtige Schotse herdershond.

Pero incluso con ese peso, Buck caminaba con presencia majestuosa.
Maar zelfs met dat gewicht liep Buck met een koninklijke uitstraling.

Esto fue gracias a la buena comida y al respeto que siempre recibió.
Dat kwam door het goede eten en het respect dat hij altijd kreeg.
Durante cuatro años, Buck había vivido como un noble mimado.
Vier jaar lang leefde Buck als een verwende edelman.
Estaba orgulloso de sí mismo y hasta era un poco egoísta.
Hij was trots op zichzelf, en zelfs een beetje egoïstisch.
Ese tipo de orgullo era común entre los señores de países remotos.
Dat soort trots was normaal bij landheren in afgelegen gebieden.
Pero Buck se salvó de convertirse en un perro doméstico mimado.
Maar Buck redde zichzelf ervan een verwende huishond te worden.
Se mantuvo delgado y fuerte gracias a la caza y el ejercicio.
Door te jagen en te bewegen bleef hij slank en sterk.
Amaba profundamente el agua, como la gente que se baña en lagos fríos.
Hij hield erg van water, net als mensen die in koude meren baden.
Este amor por el agua mantuvo a Buck fuerte y muy saludable.
Zijn liefde voor water hield Buck sterk en gezond.
Éste era el perro en que se había convertido Buck en el otoño de 1897.
Dit was de hond die Buck in de herfst van 1897 was geworden.
Cuando la huelga de Klondike arrastró a los hombres hacia el gélido Norte.
Toen de Klondike-aanval plaatsvond, werden de mannen naar het bevroren Noorden getrokken.
La gente acudió en masa desde todos los rincones del mundo hacia aquella tierra fría.

Mensen stroomden van over de hele wereld naar het koude land.
Buck, sin embargo, no leía los periódicos ni entendía las noticias.
Buck las echter geen kranten en begreep het nieuws niet.
Él no sabía que Manuel era un mal hombre con quien estar.
Hij wist niet dat Manuel een slecht mens was.
Manuel, que ayudaba en el jardín, tenía un problema profundo.
Manuel, die in de tuin hielp, had een groot probleem.
Manuel era adicto al juego de la lotería china.
Manuel was verslaafd aan gokken in de Chinese loterij.
También creía firmemente en un sistema fijo para ganar.
Hij geloofde ook sterk in een vast systeem om te winnen.
Esa creencia hizo que su fracaso fuera seguro e inevitable.
Die overtuiging maakte zijn mislukking zeker en onvermijdelijk.
Jugar con un sistema exige dinero, del que Manuel carecía.
Om volgens een systeem te kunnen spelen heb je geld nodig, en dat had Manuel niet.
Su salario apenas alcanzaba para mantener a su esposa y a sus numerosos hijos.
Met zijn salaris kon hij nauwelijks zijn vrouw en vele kinderen onderhouden.
La noche en que Manuel traicionó a Buck, las cosas estaban normales.
De nacht dat Manuel Buck verraadde, was alles normaal.
El juez estaba en una reunión de la Asociación de Productores de Pasas.
De rechter was aanwezig bij een bijeenkomst van de vereniging van rozijnenkwekers.
Los hijos del juez estaban entonces ocupados formando un club atlético.
De zonen van de rechter waren toen druk bezig met het oprichten van een sportclub.
Nadie vio a Manuel y Buck salir por el huerto.

Niemand heeft Manuel en Buck door de boomgaard zien vertrekken.
Buck pensó que esta caminata era simplemente un simple paseo nocturno.
Buck dacht dat deze wandeling gewoon een avondwandeling was.
Se encontraron con un solo hombre en la estación de la bandera, en College Park.
Ze ontmoetten slechts één man bij het vlaggenstation in College Park.
Ese hombre habló con Manuel y intercambiaron dinero.
Die man sprak met Manuel en ze wisselden geld uit.
"Envuelva la mercancía antes de entregarla", sugirió.
"Verpak de goederen voordat u ze aflevert," stelde hij voor.
La voz del hombre era áspera e impaciente mientras hablaba.
De stem van de man was schor en ongeduldig toen hij sprak.
Manuel ató cuidadosamente una cuerda gruesa alrededor del cuello de Buck.
Manuel bond zorgvuldig een dik touw om Bucks nek.
"Si retuerces la cuerda, lo estrangularás bastante"
"Draai het touw, en je zult hem flink wurgen"
El extraño emitió un gruñido, demostrando que entendía bien.
De vreemdeling gromde, wat aantoonde dat hij het goed begreep.
Buck aceptó la cuerda con calma y tranquila dignidad ese día.
Buck aanvaardde het touw die dag met kalme en stille waardigheid.
Fue un acto inusual, pero Buck confiaba en los hombres que conocía.
Het was een ongebruikelijke daad, maar Buck vertrouwde de mannen die hij kende.
Él creía que su sabiduría iba mucho más allá de su propio pensamiento.
Hij geloofde dat hun wijsheid veel verder ging dan zijn eigen denken.

Pero entonces la cuerda fue entregada a manos del extraño.
Maar toen werd het touw in de handen van de vreemdeling gegeven.
Buck emitió un gruñido bajo que advertía con una amenaza silenciosa.
Buck gromde zachtjes en gaf een waarschuwende, maar toch stille dreiging.
Era orgulloso y autoritario y quería mostrar su descontento.
Hij was trots en dominant, en wilde hiermee zijn ongenoegen laten blijken.
Buck creyó que su advertencia sería entendida como una orden.
Buck ging ervan uit dat zijn waarschuwing als een bevel zou worden opgevat.
Para su sorpresa, la cuerda se tensó rápidamente alrededor de su grueso cuello.
Tot zijn schrik werd het touw strakker om zijn dikke nek getrokken.
Se quedó sin aire y comenzó a luchar con una furia repentina.
Zijn adem werd afgesneden en hij begon in woede te vechten.
Saltó hacia el hombre, quien rápidamente se encontró con Buck en el aire.
Hij sprong op de man af, die Buck snel in de lucht tegemoet sprong.
El hombre agarró la garganta de Buck y lo retorció hábilmente en el aire.
De man greep Buck bij de keel en draaide hem behendig in de lucht.
Buck fue arrojado al suelo con fuerza, cayendo de espaldas.
Buck werd hard neergeworpen en landde plat op zijn rug.
La cuerda ahora lo estrangulaba cruelmente mientras él pateaba salvajemente.
Het touw wurgde hem nu op een wrede manier, terwijl hij wild schopte.
Se le cayó la lengua, su pecho se agitó, pero no recuperó el aliento.

Zijn tong viel uit, zijn borstkas ging op en neer, maar hij kreeg geen adem.
Nunca había sido tratado con tanta violencia en su vida.
Nog nooit in zijn leven was hij met zoveel geweld behandeld.
Tampoco nunca antes se había sentido tan lleno de furia.
Nog nooit was hij zo woedend geweest.
Pero el poder de Buck se desvaneció y sus ojos se volvieron vidriosos.
Maar Bucks kracht verdween en zijn ogen werden glazig.
Se desmayó justo cuando un tren se detuvo cerca.
Hij viel flauw op het moment dat er vlakbij een trein stopte.
Luego los dos hombres lo arrojaron rápidamente al vagón de equipaje.
Toen gooiden de twee mannen hem snel in de bagagewagen.
Lo siguiente que sintió Buck fue dolor en su lengua hinchada.
Het volgende wat Buck voelde was pijn in zijn gezwollen tong.
Se desplazaba en un carro tambaleante, apenas consciente.
Hij reed rond in een schuddende kar en was slechts vaag bij bewustzijn.
El agudo grito del silbato del tren le indicó a Buck su ubicación.
Het scherpe gefluit van een trein vertelde Buck waar hij was.
Había viajado muchas veces con el Juez y conocía esa sensación.
Hij had vaak met de rechter gereden en kende het gevoel.
Fue una experiencia única viajar nuevamente en un vagón de equipajes.
Het was de unieke schok van het weer reizen in een bagagewagen.
Buck abrió los ojos y su mirada ardía de rabia.
Buck opende zijn ogen en zijn blik brandde van woede.
Esta fue la ira de un rey orgulloso destronado.
Dit was de woede van een trotse koning die van zijn troon was gestoten.
Un hombre intentó agarrarlo, pero Buck lo atacó primero.

Een man probeerde hem te grijpen, maar Buck sloeg als eerste toe.
Hundió los dientes en la mano del hombre y la sujetó con fuerza.
Hij zette zijn tanden in de hand van de man en hield die stevig vast.
No lo soltó hasta que se desmayó por segunda vez.
Hij liet pas los toen hij voor de tweede keer bewusteloos raakte.
—Sí, tiene ataques —murmuró el hombre al maletero.
"Ja, hij heeft aanvallen," mompelde de man tegen de bagagebeambte.
El maletero había oído la lucha y se acercó.
De bagagebezorger hoorde het gevecht en kwam dichterbij.
"Lo llevaré a Frisco para el jefe", explicó el hombre.
"Ik neem hem mee naar Frisco voor de baas," legde de man uit.
"Allí hay un buen veterinario que dice poder curarlos".
"Daar is een goede hondendokter die zegt dat hij ze kan genezen."
Más tarde esa noche, el hombre dio su propio relato completo.
Later die avond gaf de man zijn eigen volledige verhaal.
Habló desde un cobertizo detrás de un salón en los muelles.
Hij sprak vanuit een schuur achter een bar op de kade.
"Lo único que me dieron fueron cincuenta dólares", se quejó al tabernero.
"Ik kreeg maar vijftig dollar", klaagde hij tegen de barman.
"No lo volvería a hacer ni por mil dólares en efectivo".
"Ik zou het niet nog een keer doen, zelfs niet voor duizend dollar."
Su mano derecha estaba fuertemente envuelta en un paño ensangrentado.
Zijn rechterhand was strak omwikkeld met een bebloede doek.
La pernera de su pantalón estaba abierta de par en par desde la rodilla hasta el pie.

Zijn broekspijp was van knie tot voet wijd open gescheurd.
—¿Cuánto le pagaron al otro tipo? —preguntó el tabernero.
"Hoeveel heeft die andere kerel betaald gekregen?" vroeg de barman.
"Cien", respondió el hombre, "no aceptaría ni un centavo menos".
"Honderd," antwoordde de man, "hij nam geen cent minder."
—Eso suma ciento cincuenta —dijo el tabernero.
"Dat is honderdvijftig", zei de barman.
"Y él lo vale todo, o no soy más que un idiota".
"En hij is het allemaal waard, anders ben ik niet beter dan een domkop."
El hombre abrió los envoltorios para examinar su mano.
De man opende de verpakking om zijn hand te onderzoeken.
La mano estaba gravemente desgarrada y cubierta de sangre seca.
De hand was ernstig gescheurd en zat vol met opgedroogd bloed.
"Si no consigo la hidrofobia…" empezó a decir.
"Als ik geen hondsdolheid krijg...", begon hij te zeggen.
"Será porque naciste para la horca", dijo entre risas.
"Dat komt omdat je geboren bent om te hangen", klonk het lachend.
"Ven a ayudarme antes de irte", le pidieron.
"Kom me even helpen voordat je weggaat," werd hem gevraagd.
Buck estaba aturdido por el dolor en la lengua y la garganta.
Buck was verdoofd door de pijn in zijn tong en keel.
Estaba medio estrangulado y apenas podía mantenerse en pie.
Hij was half gewurgd en kon nauwelijks rechtop staan.
Aún así, Buck intentó enfrentar a los hombres que lo habían lastimado.
Toch probeerde Buck de mannen die hem zoveel pijn hadden gedaan, onder ogen te komen.
Pero lo derribaron y lo estrangularon una vez más.
Maar ze gooiden hem opnieuw op de grond en wurgden hem.

Sólo entonces pudieron quitarle el pesado collar de bronce.
Pas toen konden ze zijn zware koperen kraag afzagen.
Le quitaron la cuerda y lo metieron en una caja.
Ze haalden het touw eraf en duwden hem in een krat.
La caja era pequeña y tenía la forma de una tosca jaula de hierro.
De kist was klein en had de vorm van een ruwe ijzeren kooi.
Buck permaneció allí toda la noche, lleno de ira y orgullo herido.
Buck lag daar de hele nacht, vervuld van woede en gekwetste trots.
No podía ni siquiera empezar a comprender lo que le estaba pasando.
Hij kon zich niet voorstellen wat er met hem gebeurde.
¿Por qué estos hombres extraños lo mantenían en esa pequeña caja?
Waarom hielden deze vreemde mannen hem in dit kleine kratje?
¿Qué querían de él y por qué este cruel cautiverio?
Wat wilden ze met hem, en waarom deze wrede gevangenschap?
Sintió una presión oscura; una sensación de desastre que se acercaba.
Hij voelde een donkere druk, het idee dat de ramp dichterbij kwam.
Era un miedo vago, pero que se apoderó pesadamente de su espíritu.
Het was een vage angst, maar die maakte een diepe indruk op hem.
Saltó varias veces cuando la puerta del cobertizo vibró.
Hij sprong meerdere malen op als de schuurdeur rammelde.
Esperaba que el juez o los muchachos aparecieran y lo rescataran.
Hij verwachtte dat de rechter of de jongens zouden verschijnen en hem zouden redden.
Pero cada vez sólo se asomaba el rostro gordo del tabernero.

Maar alleen het dikke gezicht van de kroegeigenaar was elke keer te zien.

El rostro del hombre estaba iluminado por el tenue resplandor de una vela de sebo.

Het gezicht van de man werd verlicht door het zwakke schijnsel van een kaars.

Cada vez, el alegre ladrido de Buck cambiaba a un gruñido bajo y enojado.

Elke keer veranderde Bucks vrolijke geblaf in een laag, boos gegrom.

El tabernero lo dejó solo durante la noche en el cajón.

De salooneigenaar liet hem de nacht alleen in de krat achter

Pero cuando se despertó por la mañana, venían más hombres.

Maar toen hij de volgende ochtend wakker werd, kwamen er nog meer mannen.

Llegaron cuatro hombres y recogieron la caja con cuidado y sin decir palabra.

Vier mannen kwamen en pakten voorzichtig de kist op, zonder een woord te zeggen.

Buck supo de inmediato en qué situación se encontraba.

Buck wist meteen in welke situatie hij zich bevond.

Eran otros torturadores contra los que tenía que luchar y a los que tenía que temer.

Zij waren nog meer kwellers waar hij tegen moest vechten en bang voor moest zijn.

Estos hombres parecían malvados, andrajosos y muy mal arreglados.

Deze mannen zagen er slecht, onverzorgd en armoedig uit.

Buck gruñó y se abalanzó sobre ellos ferozmente a través de los barrotes.

Buck gromde en sprong woest door de tralies heen op hen af.

Ellos simplemente se rieron y lo golpearon con largos palos de madera.

Ze lachten hem alleen maar uit en prikten met lange houten stokken.

Buck mordió los palos y luego se dio cuenta de que eso era lo que les gustaba.
Buck beet in de stokjes en besefte toen dat ze dat juist leuk vonden.
Así que se quedó acostado en silencio, hosco y ardiendo de rabia silenciosa.
Hij ging dus rustig liggen, somber en brandend van stille woede.
Subieron la caja a un carro y se fueron con él.
Ze tilden de kist in een wagen en reden met hem weg.
La caja, con Buck encerrado dentro, cambiaba de manos a menudo.
De kist, met Buck erin opgesloten, wisselde vaak van eigenaar.
Los empleados de la oficina exprés se hicieron cargo de él y lo atendieron brevemente.
Het kantoorpersoneel van Express nam de leiding en hield hem kort onder controle.
Luego, otro carro transportó a Buck a través de la ruidosa ciudad.
Vervolgens reed er een andere wagen met Buck door het lawaaiige stadje.
Un camión lo llevó con cajas y paquetes a un ferry.
Een vrachtwagen bracht hem met dozen en pakketten naar een veerboot.
Después de cruzar, el camión lo descargó en una estación ferroviaria.
Nadat hij de grens was overgestoken, werd hij door de vrachtwagen afgezet bij een treinstation.
Finalmente, colocaron a Buck dentro de un vagón expreso que lo esperaba.
Uiteindelijk werd Buck in een gereedstaande sneltreinwagon gezet.
Durante dos días y dos noches, los trenes arrastraron el vagón expreso.
Twee dagen en nachten lang reden er treinen rond de sneltreinen die de wagons wegtrokken.
Buck no comió ni bebió durante todo el doloroso viaje.

Buck at noch dronk gedurende de hele pijnlijke reis.
Cuando los mensajeros expresos intentaron acercarse a él, gruñó.
Toen de koeriers hem naderden, gromde hij.
Ellos respondieron burlándose de él y molestándolo cruelmente.
Ze reageerden door hem te bespotten en wreed te plagen.
Buck se arrojó contra los barrotes, echando espuma y temblando.
Buck wierp zich schuimbekkend en trillend op de tralies
Se rieron a carcajadas y se burlaron de él como matones del patio de la escuela.
Ze lachten luid en bespotten hem alsof het pestkoppen op het schoolplein waren.
Ladraban como perros de caza y agitaban los brazos.
Ze blaften als nep-honden en sloegen met hun armen.
Incluso cantaron como gallos sólo para molestarlo más.
Ze kraaiden zelfs als hanen, alleen maar om hem nog meer van streek te maken.
Fue un comportamiento tonto y Buck sabía que era ridículo.
Het was dwaas gedrag, en Buck wist dat het belachelijk was.
Pero eso sólo profundizó su sentimiento de indignación y vergüenza.
Maar dat maakte zijn gevoelens van verontwaardiging en schaamte alleen maar groter.
Durante el viaje no le molestó mucho el hambre.
Tijdens de reis had hij niet veel last van honger.
Pero la sed traía consigo un dolor agudo y un sufrimiento insoportable.
Maar dorst veroorzaakte hevige pijn en ondraaglijk lijden.
Su garganta y lengua secas e inflamadas ardían de calor.
Zijn droge, ontstoken keel en tong brandden van de hitte.
Este dolor alimentó la fiebre que crecía dentro de su orgulloso cuerpo.
Deze pijn versterkte de koorts in zijn trotse lichaam.
Buck estuvo agradecido por una sola cosa durante esta prueba.

Buck was dankbaar voor één ding tijdens deze rechtszaak.
Le habían quitado la cuerda que le rodeaba el grueso cuello.
Het touw was van zijn dikke nek verwijderd.
La cuerda había dado a esos hombres una ventaja injusta y cruel.
Het touw had die mannen een oneerlijk en wreed voordeel gegeven.
Ahora la cuerda había desaparecido y Buck juró que nunca volvería.
Nu was het touw weg en Buck zwoer dat het nooit meer terug zou komen.
Decidió que nunca más volvería a pasarle una cuerda al cuello.
Hij besloot dat er nooit meer een touw om zijn nek zou komen.
Durante dos largos días y noches sufrió sin comer.
Twee lange dagen en nachten leed hij zonder eten.
Y en esas horas se fue acumulando en su interior una rabia enorme.
En in die uren ontwikkelde zich bij hem een enorme woede.
Sus ojos se volvieron inyectados en sangre y salvajes por la ira constante.
Zijn ogen werden bloeddoorlopen en wild van de voortdurende woede.
Ya no era Buck, sino un demonio con mandíbulas chasqueantes.
Hij was niet langer Buck, maar een demon met klappende kaken.
Ni siquiera el juez habría reconocido a esta loca criatura.
Zelfs de rechter herkende dit gekke wezen niet.
Los mensajeros exprés suspiraron aliviados cuando llegaron a Seattle.
De koeriers slaakten een zucht van verlichting toen ze Seattle bereikten
Cuatro hombres levantaron la caja y la llevaron a un patio trasero.

Vier mannen tilden de kist op en brachten hem naar een achtertuin.
El patio era pequeño, rodeado de muros altos y sólidos.
De tuin was klein en omgeven door hoge, stevige muren.
Un hombre corpulento salió con una camisa roja holgada.
Een grote man stapte naar buiten in een afzakkende rode trui.
Firmó el libro de entrega con letra gruesa y atrevida.
Hij ondertekende het leveringsboek met een dikke, vette hand.
Buck sintió de inmediato que este hombre era su próximo torturador.
Buck had meteen het gevoel dat deze man zijn volgende kwelgeest was.
Se abalanzó violentamente contra los barrotes, con los ojos rojos de furia.
Hij sprong met geweld op de tralies af, zijn ogen rood van woede.
El hombre simplemente sonrió oscuramente y fue a buscar un hacha.
De man glimlachte slechts duister en ging een bijl halen.
También traía un garrote en su gruesa y fuerte mano derecha.
Hij had ook een knuppel in zijn dikke en sterke rechterhand.
"¿Vas a sacarlo ahora?" preguntó preocupado el conductor.
"Ga je hem nu meenemen?" vroeg de chauffeur bezorgd.
—Claro —dijo el hombre, metiendo el hacha en la caja a modo de palanca.
'Tuurlijk,' zei de man, terwijl hij de bijl in de kist duwde als hefboom.
Los cuatro hombres se dispersaron instantáneamente y saltaron al muro del patio.
De vier mannen gingen er meteen vandoor en sprongen op de tuinmuur.
Desde sus lugares seguros arriba, esperaban para observar el espectáculo.
Vanaf hun veilige plekjes wachtten ze om het schouwspel te aanschouwen.

Buck se abalanzó sobre la madera astillada, mordiéndola y sacudiéndola ferozmente.
Buck sprong naar het gespleten hout, beet erin en trilde hevig.
Cada vez que el hacha golpeaba la jaula, Buck estaba allí para atacarla.
Elke keer dat de bijl de kooi raakte, was Buck er om hem aan te vallen.
Gruñó y chasqueó los dientes con furia salvaje, ansioso por ser liberado.
Hij gromde en snoof van woede, hij wilde dolgraag bevrijd worden.
El hombre que estaba afuera estaba tranquilo y firme, concentrado en su tarea.
De man buiten was kalm en standvastig, geconcentreerd op zijn taak.
"Muy bien, demonio de ojos rojos", dijo cuando el agujero fue grande.
"Goed dan, duivel met de rode ogen," zei hij toen het gat groot was.
Dejó caer el hacha y tomó el garrote con su mano derecha.
Hij liet de strijdbijl vallen en nam de knuppel in zijn rechterhand.
Buck realmente parecía un demonio; con los ojos inyectados en sangre y llameantes.
Buck zag er echt uit als een duivel; zijn ogen waren bloeddoorlopen en vlammend.
Su pelaje se erizó, le salía espuma por la boca y sus ojos brillaban.
Zijn vacht stond overeind, er stond schuim op zijn mond en zijn ogen glinsterden.
Tensó los músculos y se lanzó directamente hacia el suéter rojo.
Hij spande zijn spieren aan en sprong meteen op de rode trui af.
Ciento cuarenta libras de furia volaron hacia el hombre tranquilo.
Honderdveertig kilo woede vloog op de kalme man af.

Justo antes de que sus mandíbulas se cerraran, un golpe terrible lo golpeó.
Net voordat zijn kaken op elkaar zouden klemmen, kreeg hij een verschrikkelijke klap.
Sus dientes chasquearon al chocar contra nada más que el aire.
Zijn tanden klappen op elkaar, alleen op lucht
Una sacudida de dolor resonó a través de su cuerpo
een pijnscheut galmde door zijn lichaam
Dio una vuelta en el aire y se estrelló sobre su espalda y su costado.
Hij draaide zich in de lucht om en kwam op zijn rug en zij terecht.
Nunca antes había sentido el golpe de un garrote y no podía agarrarlo.
Hij had nog nooit eerder de klap van een knuppel gevoeld en kon hem niet vasthouden.
Con un gruñido estridente, mitad ladrido, mitad grito, saltó de nuevo.
Met een krijsend gegrom, deels geblaf, deels geschreeuw, sprong hij opnieuw.
Otro golpe brutal lo alcanzó y lo arrojó al suelo.
Hij kreeg nog een harde klap en werd op de grond geslingerd.
Esta vez Buck lo entendió: era el pesado garrote del hombre.
Deze keer begreep Buck het: het was de zware knots van de man.
Pero la rabia lo cegó y no pensó en retirarse.
Maar woede verblindde hem en hij dacht er niet aan om zich terug te trekken.
Doce veces se lanzó y doce veces cayó.
Twaalf keer wierp hij zich, en twaalf keer viel hij.
El palo de madera lo golpeaba cada vez con una fuerza despiadada y aplastante.
De houten knuppel sloeg hem telkens met meedogenloze, verpletterende kracht neer.
Después de un golpe feroz, se tambaleó hasta ponerse de pie, aturdido y lento.

Na een harde klap kwam hij wankelend en traag overeind.
Le salía sangre de la boca, de la nariz y hasta de las orejas.
Er stroomde bloed uit zijn mond, zijn neus en zelfs uit zijn oren.
Su pelaje, otrora hermoso, estaba manchado de espuma sanguinolenta.
Zijn ooit zo mooie vacht zat onder het bloederige schuim.
Entonces el hombre se adelantó y le dio un golpe tremendo en la nariz.
Toen stapte de man op en gaf hem een harde klap op zijn neus.
La agonía fue más aguda que cualquier cosa que Buck hubiera sentido jamás.
De pijn was heviger dan alles wat Buck ooit had gevoeld.
Con un rugido más de bestia que de perro, saltó nuevamente para atacar.
Met een brul die meer op die van een dier dan op die van een hond leek, sprong hij opnieuw in de aanval.
Pero el hombre se agarró la mandíbula inferior y la torció hacia atrás.
Maar de man greep zijn onderkaak vast en draaide deze naar achteren.
Buck se dio una vuelta de cabeza y volvió a caer con fuerza.
Buck draaide zich om en kwam met een harde klap weer op de grond terecht.
Una última vez, Buck cargó contra él, ahora apenas capaz de mantenerse en pie.
Buck stormde nog een laatste keer op hem af; hij kon nu nauwelijks nog op zijn benen staan.
El hombre atacó con una sincronización experta, dando el golpe final.
De man sloeg met een perfect moment toe en gaf hem de genadeslag.
Buck se desplomó en un montón, inconsciente e inmóvil.
Buck zakte bewusteloos en bewegingloos in elkaar.
"No es ningún inútil a la hora de domar perros, eso es lo que digo", gritó un hombre.

"Hij is niet slecht in het temmen van honden, dat zeg ik tenminste", schreeuwde een man.
"Druther puede quebrar la voluntad de un perro cualquier día de la semana".
"Druther kan elke dag van de week de wil van een hond breken."
"¡Y dos veces el domingo!" añadió el conductor.
"En twee keer op zondag!" voegde de chauffeur toe.
Se subió al carro y tiró de las riendas para partir.
Hij klom in de wagen en trok aan de teugels om te vertrekken.
Buck recuperó lentamente el control de su conciencia.
Buck kreeg langzaam de controle over zijn bewustzijn terug
Pero su cuerpo todavía estaba demasiado débil y roto para moverse.
maar zijn lichaam was nog steeds te zwak en gebroken om te bewegen.
Se quedó donde había caído, observando al hombre del suéter rojo.
Hij bleef liggen waar hij was gevallen en keek naar de man met de rode trui.
"Responde al nombre de Buck", dijo el hombre, leyendo en voz alta.
"Hij luistert naar de naam Buck", zei de man terwijl hij hardop las.
Citó la nota enviada con la caja de Buck y los detalles.
Hij citeerde uit de brief die bij Bucks krat en details zat.
—Bueno, Buck, muchacho —continuó el hombre con tono amistoso—.
"Nou, Buck, mijn jongen," vervolgde de man met een vriendelijke toon,
"Hemos tenido nuestra pequeña pelea y ahora todo ha terminado entre nosotros".
"We hebben een klein ruzietje gehad, en nu is het tussen ons voorbij."
"Tú has aprendido cuál es tu lugar y yo he aprendido cuál es el mío", añadió.

"Jij hebt jouw plaats geleerd, en ik heb de mijne geleerd," voegde hij toe.
"Sé bueno y todo irá bien y la vida será placentera".
"Wees goed, dan zal alles goed gaan, en het leven zal aangenaam zijn."
"Pero si te portas mal, te daré una paliza, ¿entiendes?"
"Maar wees stout, dan sla ik je helemaal in elkaar, begrepen?"
Mientras hablaba, extendió la mano y acarició la cabeza dolorida de Buck.
Terwijl hij sprak, strekte hij zijn hand uit en klopte op Bucks pijnlijke hoofd.
El cabello de Buck se erizó ante el toque del hombre, pero no se resistió.
Bucks haar ging overeind staan toen de man hem aanraakte, maar hij verzette zich niet.
El hombre le trajo agua, que Buck bebió a grandes tragos.
De man bracht hem water, dat Buck in grote slokken opdronk.
Luego vino la carne cruda, que Buck devoró trozo a trozo.
Daarna kwam het rauwe vlees, dat Buck stukje voor stukje opat.
Sabía que estaba derrotado, pero también sabía que no estaba roto.
Hij wist dat hij verslagen was, maar hij wist ook dat hij niet gebroken was.
No tenía ninguna posibilidad contra un hombre armado con un garrote.
Hij had geen schijn van kans tegen een man met een knuppel.
Había aprendido la verdad y nunca olvidó esa lección.
Hij had de waarheid geleerd en die les vergat hij nooit.
Esa arma fue el comienzo de la ley en el nuevo mundo de Buck.
Dat wapen was het begin van de wet in Bucks nieuwe wereld.
Fue el comienzo de un orden duro y primitivo que no podía negar.
Het was het begin van een strenge, primitieve orde die hij niet kon ontkennen.

Aceptó la verdad; sus instintos salvajes ahora estaban despiertos.
Hij aanvaardde de waarheid; zijn wilde instincten kwamen nu tot leven.
El mundo se había vuelto más duro, pero Buck lo afrontó con valentía.
De wereld was harder geworden, maar Buck trotseerde het moedig.
Afrontó la vida con nueva cautela, astucia y fuerza silenciosa.
Hij trad het leven tegemoet met een nieuwe voorzichtigheid, sluwheid en stille kracht.
Llegaron más perros, atados con cuerdas o cajas como había estado Buck.
Er kwamen nog meer honden aan, vastgebonden in touwen of kratten, net als Buck.
Algunos perros llegaron con calma, otros se enfurecieron y pelearon como bestias salvajes.
Sommige honden kwamen rustig, andere werden woest en vochten als wilde beesten.
Todos ellos quedaron bajo el dominio del hombre del suéter rojo.
Ze kwamen allemaal onder het bewind van de man met de rode trui.
Cada vez, Buck observaba y veía cómo se desarrollaba la misma lección.
Buck keek elke keer toe en zag dezelfde les.
El hombre con el garrote era la ley, un amo al que había que obedecer.
De man met de knuppel was de wet, een meester die gehoorzaamd moest worden.
No necesitaba ser querido, pero sí obedecido.
Hij hoefde niet aardig gevonden te worden, maar hij moest wel gehoorzaamd worden.
Buck nunca adulaba ni meneaba la cola como lo hacían los perros más débiles.

Buck kwispelde of vleide nooit zoals de zwakkere honden deden.

Vio perros que estaban golpeados y todavía lamían la mano del hombre.

Hij zag honden die geslagen waren en toch de hand van de man likten.

Vio un perro que no obedecía ni se sometía en absoluto.

Hij zag een hond die totaal niet gehoorzaamde en zich totaal niet onderwierp.

Ese perro luchó hasta que murió en la batalla por el control.

Die hond vocht tot hij werd gedood in de strijd om de macht.

A veces, desconocidos venían a ver al hombre del suéter rojo.

Soms kwamen er vreemden naar de man met de rode trui kijken.

Hablaban en tonos extraños, suplicando, negociando y riendo.

Ze spraken op vreemde toon: smeekten, onderhandelden en lachten.

Cuando se intercambiaba dinero, se iban con uno o más perros.

Als er geld werd uitgewisseld, gingen ze met een of meerdere honden weg.

Buck se preguntó a dónde habían ido esos perros, pues ninguno regresaba jamás.

Buck vroeg zich af waar de honden naartoe waren, want geen van hen kwam ooit terug.

El miedo a lo desconocido llenaba a Buck cada vez que un hombre extraño se acercaba.

angst voor het onbekende vulde Buck elke keer dat er een vreemde man kwam

Se alegraba cada vez que se llevaban a otro perro en lugar de a él mismo.

hij was blij als er elke keer een andere hond werd meegenomen, in plaats van hijzelf.

Pero finalmente, llegó el turno de Buck con la llegada de un hombre extraño.

Maar uiteindelijk was Buck aan de beurt toen er een vreemde man arriveerde.

Era pequeño, fibroso y hablaba un inglés deficiente y decía palabrotas.

Hij was klein, pezig, sprak gebrekkig Engels en vloekte.

—¡Sacredam! —gritó cuando vio el cuerpo de Buck.

"Sacredam!" riep hij toen hij Bucks lichaam zag.

—¡Qué perro tan bravucón! ¿Eh? ¿Cuánto? —preguntó en voz alta.

"Dat is een verdomde bullebak! Hé? Hoeveel?" vroeg hij hardop.

"Trescientos, y es un regalo a ese precio".

"Driehonderd, en voor die prijs is hij een cadeautje,"

—Como es dinero del gobierno, no deberías quejarte, Perrault.

"Aangezien het overheidsgeld is, moet je niet klagen, Perrault."

Perrault sonrió ante el trato que acababa de hacer con aquel hombre.

Perrault grijnsde toen hij zag welke deal hij zojuist met de man had gesloten.

El precio de los perros se disparó debido a la repentina demanda.

Door de plotselinge vraag stegen de prijzen van honden enorm.

Trescientos dólares no era injusto para una bestia tan bella.

Driehonderd dollar was niet oneerlijk voor zo'n mooi beest.

El gobierno canadiense no perdería nada con el acuerdo

De Canadese regering zou niets verliezen bij de deal

Además sus despachos oficiales tampoco sufrirían demoras en el tránsito.

Ook zouden hun officiële berichten niet vertraagd worden tijdens het transport.

Perrault conocía bien a los perros y podía ver que Buck era algo raro.

Perrault kende honden goed en zag dat Buck een zeldzaamheid was.

"Uno entre diez diez mil", pensó mientras estudiaba la complexión de Buck.
"Eén op de tienduizend", dacht hij, terwijl hij Bucks postuur bestudeerde.
Buck vio que el dinero cambiaba de manos, pero no mostró sorpresa.
Buck zag het geld van eigenaar wisselen, maar was er niet verbaasd over.
Pronto él y Curly, un gentil Terranova, fueron llevados lejos.
Al snel werden hij en Krullend, een zachtaardige Newfoundlander, weggeleid.
Siguieron al hombrecito desde el patio del suéter rojo.
Ze volgden het mannetje vanaf de tuin van de rode trui.
Esa fue la última vez que Buck vio al hombre con el garrote de madera.
Dat was de laatste keer dat Buck de man met de houten knuppel zag.
Desde la cubierta del Narwhal vio cómo Seattle se desvanecía en la distancia.
Vanaf het dek van de Narwhal zag hij Seattle in de verte verdwijnen.
También fue la última vez que vio las cálidas tierras del Sur.
Het was ook de laatste keer dat hij het warme Zuidland zag.
Perrault los llevó bajo cubierta y los dejó con François.
Perrault nam ze mee onderdeks en liet ze bij François achter.
François era un gigante de cara negra y manos ásperas y callosas.
François was een reus met een zwart gezicht en ruwe, eeltplekken op zijn handen.
Era oscuro y moreno, un mestizo francocanadiense.
Hij was donker en getint; een halfbloed Frans-Canadees.
Para Buck, estos hombres eran de un tipo que nunca había visto antes.
Voor Buck waren dit mannen zoals hij nog nooit eerder had gezien.
En los días venideros conocería a muchos hombres así.

Hij zou in de toekomst nog veel van zulke mannen leren kennen.
No llegó a encariñarse con ellos, pero llegó a respetarlos.
Hij raakte er niet aan gehecht, maar hij kreeg er wel respect voor.
Eran justos y sabios, y no se dejaban engañar fácilmente por ningún perro.
Ze waren eerlijk en wijs, en lieten zich door geen enkele hond zomaar voor de gek houden.
Juzgaban a los perros con calma y castigaban sólo cuando lo merecían.
Ze beoordeelden honden op kalme wijze en straften alleen als dat verdiend was.
En la cubierta inferior del Narwhal, Buck y Curly se encontraron con dos perros.
Op het benedendek van de Narwhal ontmoetten Buck en Krullend twee honden.
Uno de ellos era un gran perro blanco procedente de la lejana y gélida región de Spitzbergen.
Eén daarvan was een grote witte hond die uit het verre, ijzige Spitsbergen kwam.
Una vez navegó con un ballenero y se unió a un grupo de investigación.
Hij had ooit met een walvisvaarder gevaren en zich bij een onderzoeksgroep aangesloten.
Era amigable de una manera astuta, deshonesta y tramposa.
Hij was vriendelijk, maar dan op een sluwe, stiekeme en listige manier.
En su primera comida, robó un trozo de carne de la sartén de Buck.
Tijdens hun eerste maaltijd stal hij een stuk vlees uit Bucks pan.
Buck saltó para castigarlo, pero el látigo de François golpeó primero.
Buck sprong op om hem te straffen, maar de zweep van François sloeg als eerste toe.
El ladrón blanco gritó y Buck recuperó el hueso robado.

De witte dief gilde en Buck pakte het gestolen bot terug.
Esa imparcialidad impresionó a Buck y François se ganó su respeto.
Die eerlijkheid maakte indruk op Buck en François verdiende zijn respect.
El otro perro no saludó y no quiso recibir saludos a cambio.
De andere hond begroette je niet en wilde ook niets terug.
No robaba comida ni olfateaba con interés a los recién llegados.
Hij stal geen eten en besnuffelde de nieuwkomers ook niet met interesse.
Este perro era sombrío y silencioso, melancólico y de movimientos lentos.
Deze hond was somber en stil, somber en traag.
Le advirtió a Curly que se mantuviera alejada simplemente mirándola fijamente.
Hij waarschuwde Krullend dat ze uit de buurt moest blijven door haar alleen maar aan te staren.
Su mensaje fue claro: déjenme en paz o habrá problemas.
Zijn boodschap was duidelijk: laat me met rust, anders krijg je problemen.
Se llamaba Dave y apenas se fijaba en su entorno.
Hij heette Dave en hij lette nauwelijks op zijn omgeving.
Dormía a menudo, comía tranquilamente y bostezaba de vez en cuando.
Hij sliep vaak, at rustig en geeuwde af en toe.

El barco zumbaba constantemente con la hélice golpeando debajo.
Het schip maakte een voortdurend zoemend geluid, net als de draaiende schroef eronder.
Los días pasaron con pocos cambios, pero el clima se volvió más frío.
De dagen verstreken zonder dat er veel veranderde, maar het werd wel kouder.
Buck podía sentirlo en sus huesos y notó que los demás también lo sentían.

Buck voelde het in zijn botten en zag dat de anderen het ook voelden.
Entonces, una mañana, la hélice se detuvo y todo quedó en silencio.
Toen stopte op een ochtend de propeller en was alles stil.
Una energía recorrió la nave; algo había cambiado.
Er ging een energie door het schip: er was iets veranderd.
François bajó, les puso las correas y los trajo arriba.
François kwam naar beneden, bevestigde ze aan de lijnen en bracht ze naar boven.
Buck salió y encontró el suelo suave, blanco y frío.
Buck stapte naar buiten en zag dat de grond zacht, wit en koud was.
Saltó hacia atrás alarmado y resopló totalmente confundido.
Hij deinsde geschrokken achteruit en snoof in totale verwarring.
Una extraña sustancia blanca caía del cielo gris.
Er viel een vreemd wit spul uit de grijze lucht.
Se sacudió, pero los copos blancos seguían cayendo sobre él.
Hij schudde zichzelf, maar de witte vlokken bleven op hem landen.
Olió con cuidado la sustancia blanca y lamió algunos trocitos helados.
Hij besnuffelde het witte spul voorzichtig en likte aan een paar ijskoude stukjes.
El polvo ardió como fuego y luego desapareció de su lengua.
Het poeder brandde als vuur en verdween vervolgens zo van zijn tong.
Buck lo intentó de nuevo, desconcertado por la extraña frialdad que desaparecía.
Buck probeerde het opnieuw, verbaasd door de vreemde, verdwijnende kou.
Los hombres que lo rodeaban se rieron y Buck se sintió avergonzado.
De mannen om hem heen lachten en Buck voelde zich beschaamd.
No sabía por qué, pero le avergonzaba su reacción.

Hij wist niet waarom, maar hij schaamde zich voor zijn reactie.
Fue su primera experiencia con la nieve y le confundió.
Het was zijn eerste ervaring met sneeuw, en hij raakte erdoor in de war.

La ley del garrote y el colmillo
De wet van de knots en de slagtand

El primer día de Buck en la playa de Dyea se sintió como una terrible pesadilla.
Bucks eerste dag op het Dyea-strand voelde als een verschrikkelijke nachtmerrie.
Cada hora traía nuevas sorpresas y cambios inesperados para Buck.
Elk uur bracht nieuwe verrassingen en onverwachte veranderingen voor Buck.
Lo habían sacado de la civilización y lo habían arrojado a un caos salvaje.
Hij was weggerukt uit de bewoonde wereld en in een wilde chaos gestort.
Aquella no era una vida soleada y tranquila, llena de aburrimiento y descanso.
Dit was geen zonnig, lui leven vol verveling en rust.
No había paz, ni descanso, ni momento sin peligro.
Er was geen vrede, geen rust en geen moment zonder gevaar.
La confusión lo dominaba todo y el peligro siempre estaba cerca.
Alles werd beheerst door verwarring en het gevaar lag altijd op de loer.
Buck tuvo que mantenerse alerta porque estos hombres y perros eran diferentes.
Buck moest alert blijven, want deze mannen en honden waren verschillend.
No eran de pueblos; eran salvajes y sin piedad.
Ze kwamen niet uit de stad; ze waren wild en genadeloos.
Estos hombres y perros sólo conocían la ley del garrote y el colmillo.
Deze mannen en honden kenden alleen de wet van de knots en de slagtand.
Buck nunca había visto perros pelear como estos salvajes huskies.

Buck had nog nooit honden zien vechten zoals deze wilde husky's.
Su primera experiencia le enseñó una lección que nunca olvidaría.
Zijn eerste ervaring leerde hem een les die hij nooit zou vergeten.
Tuvo suerte de que no fuera él, o habría muerto también.
Hij had geluk dat hij het niet was, anders was hij ook gestorven.
Curly fue el que sufrió mientras Buck observaba y aprendía.
Krullend was degene die het leed leed, terwijl Buck toekeek en leerde.
Habían acampado cerca de una tienda construida con troncos.
Ze hadden hun kamp opgeslagen bij een winkel die gebouwd was van boomstammen.
Curly intentó ser amigable con un husky grande, parecido a un lobo.
Krullend probeerde vriendelijk te zijn tegen een grote, wolfachtige husky.
El husky era más pequeño que Curly, pero parecía salvaje y malvado.
De husky was kleiner dan Krullend, maar zag er wild en gemeen uit.
Sin previo aviso, saltó y le abrió el rostro.
Zonder waarschuwing sprong hij op en sneed haar gezicht open.
Sus dientes la atravesaron desde el ojo hasta la mandíbula en un solo movimiento.
In één beweging sneed hij met zijn tanden van haar oog naar haar kaak.
Así era como peleaban los lobos: golpeaban rápido y saltaban.
Zo vochten wolven: snel slaan en wegspringen.
Pero había mucho más que aprender de ese único ataque.
Maar van die ene aanval konden we meer leren.

Decenas de huskies entraron corriendo y formaron un círculo silencioso.
Tientallen husky's kwamen aanrennen en vormden een stille kring.
Observaron atentamente y se lamieron los labios con hambre.
Ze keken aandachtig en likten hun lippen af van honger.
Buck no entendió su silencio ni sus miradas ansiosas.
Buck begreep hun stilte en hun gretige blik niet.
Curly se apresuró a atacar al husky por segunda vez.
Krullend snelde naar de husky toe en viel hem voor de tweede keer aan.
Él usó su pecho para derribarla con un movimiento fuerte.
Hij sloeg haar met een krachtige beweging met zijn borstkas omver.
Ella cayó de lado y no pudo levantarse más.
Ze viel op haar zij en kon niet meer opstaan.
Eso era lo que los demás habían estado esperando todo el tiempo.
Dat was waar de anderen al die tijd op hadden gewacht.
Los perros esquimales saltaron sobre ella, aullando y gruñendo frenéticamente.
De husky's sprongen op haar en gilden en gromden van woede.
Ella gritó cuando la enterraron bajo una pila de perros.
Ze schreeuwde terwijl ze bedolven werd onder een stapel honden.
El ataque fue tan rápido que Buck se quedó paralizado por la sorpresa.
De aanval vond zo snel plaats dat Buck van schrik verstijfde.
Vio a Spitz sacar la lengua de una manera que parecía una risa.
Hij zag Spitz zijn tong uitsteken op een manier die leek op een lach.
François cogió un hacha y corrió directamente hacia el grupo de perros.
François pakte een bijl en rende recht op de groep honden af.

Otros tres hombres usaron palos para ayudar a ahuyentar a los perros esquimales.
Drie andere mannen gebruikten knuppels om de husky's weg te jagen.
En sólo dos minutos, la pelea terminó y los perros desaparecieron.
Binnen twee minuten was het gevecht voorbij en waren de honden verdwenen.
Curly yacía muerta en la nieve roja y pisoteada, con su cuerpo destrozado.
Krullend lag dood in de rode, vertrapte sneeuw, haar lichaam verscheurd.
Un hombre de piel oscura estaba de pie sobre ella, maldiciendo la brutal escena.
Een donkere man stond boven haar en vervloekte het gruwelijke tafereel.
El recuerdo permaneció con Buck y atormentó sus sueños por la noche.
De herinnering bleef Buck bij en achtervolgde hem 's nachts in zijn dromen.
Así era aquí: sin justicia, sin segundas oportunidades.
Zo ging het hier: geen eerlijkheid, geen tweede kans.
Una vez que un perro caía, los demás lo mataban sin piedad.
Als een hond viel, doodden de anderen hem zonder pardon.
Buck decidió entonces que nunca se permitiría caer.
Toen besloot Buck dat hij zichzelf nooit zou laten vallen.
Spitz volvió a sacar la lengua y se rió de la sangre.
Spitz stak opnieuw zijn tong uit en lachte om het bloed.
Desde ese momento, Buck odió a Spitz con todo su corazón.
Vanaf dat moment haatte Buck Spitz met heel zijn hart.

Antes de que Buck pudiera recuperarse de la muerte de Curly, sucedió algo nuevo.
Voordat Buck kon herstellen van Krullend's dood, gebeurde er iets nieuws.
François se acercó y ató algo alrededor del cuerpo de Buck.
François kwam naar Buck toe en bond iets om hem heen.

Era un arnés como los que usaban los caballos en el rancho.
Het was een tuig zoals die op de ranch voor paarden werden gebruikt.
Así como Buck había visto trabajar a los caballos, ahora él también estaba obligado a trabajar.
Buck had paarden zien werken en nu moest hij ook aan het werk.
Tuvo que arrastrar a François en un trineo hasta el bosque cercano.
Hij moest François op een slee het nabijgelegen bos in trekken.
Después tuvo que arrastrar una carga de leña pesada.
Vervolgens moest hij een lading zwaar brandhout naar boven slepen.
Buck era orgulloso, por eso le dolía que lo trataran como a un animal de trabajo.
Buck was trots en vond het pijnlijk om als een werkdier behandeld te worden.
Pero él era sabio y no intentó luchar contra la nueva situación.
Maar hij was wijs en probeerde de nieuwe situatie niet te bestrijden.
Aceptó su nueva vida y dio lo mejor de sí en cada tarea.
Hij accepteerde zijn nieuwe leven en deed zijn uiterste best bij elke taak.
Todo en la obra le resultaba extraño y desconocido.
Alles aan het werk was vreemd en onbekend voor hem.
Francisco era estricto y exigía obediencia sin demora.
François was streng en eiste onmiddellijke gehoorzaamheid.
Su látigo garantizaba que cada orden fuera seguida al instante.
Zijn zweep zorgde ervoor dat alle bevelen onmiddellijk werden uitgevoerd.
Dave era el que conducía el trineo, el perro que estaba más cerca de él, detrás de Buck.
Dave was de wielrenner, de hond die het dichtst bij de slee achter Buck zat.
Dave mordió a Buck en las patas traseras si cometía un error.

Dave beet Buck in zijn achterpoten als hij een fout maakte.
Spitz era el perro líder, hábil y experimentado en su función.
Spitz was de leidende hond en was bekwaam en ervaren in de rol.
Spitz no pudo alcanzar a Buck fácilmente, pero aún así lo corrigió.
Spitz kon Buck niet makkelijk bereiken, maar corrigeerde hem toch.
Gruñó con dureza o tiró del trineo de maneras que le enseñaron a Buck.
Hij gromde hard of trok de slee op een manier waar Buck wat van leerde.
Con este entrenamiento, Buck aprendió más rápido de lo que cualquiera de ellos esperaba.
Dankzij deze training leerde Buck sneller dan ze allemaal hadden verwacht.
Trabajó duro y aprendió tanto de François como de los otros perros.
Hij werkte hard en leerde van zowel François als de andere honden.
Cuando regresaron, Buck ya conocía los comandos clave.
Toen ze terugkwamen, kende Buck de belangrijkste commando's al.
Aprendió a detenerse al oír la palabra "ho" gracias a François.
Hij leerde van François om te stoppen als er "ho" klonk.
Aprendió cuando tenía que tirar del trineo y correr.
Hij leerde het toen hij de slee moest trekken en moest rennen.
Aprendió a girar abiertamente en las curvas del camino sin problemas.
Hij leerde om zonder problemen ruim te sturen in bochten.
También aprendió a evitar a Dave cuando el trineo descendía rápidamente.
Hij leerde ook om Dave te ontwijken als de slee snel bergafwaarts ging.
"Son perros muy buenos", le dijo orgulloso François a Perrault.

"Het zijn hele goede honden", vertelde François trots aan Perrault.
"Ese Buck tira como un demonio. Le enseño rapidísimo".
"Die Buck trekt als de hel - ik leer hem razendsnel."

Más tarde ese día, Perrault regresó con dos perros husky más.
Later die dag kwam Perrault terug met nog twee husky's.
Se llamaban Billee y Joe y eran hermanos.
Ze heetten Billee en Joe, en ze waren broers.
Venían de la misma madre, pero no se parecían en nada.
Ze hadden dezelfde moeder, maar leken totaal niet op elkaar.
Billee era de carácter dulce y muy amigable con todos.
Billee was aardig en heel vriendelijk tegen iedereen.
Joe era todo lo contrario: tranquilo, enojado y siempre gruñendo.
Joe was het tegenovergestelde: stil, boos en altijd grommend.
Buck los saludó de manera amigable y se mostró tranquilo con ambos.
Buck begroette hen vriendelijk en bleef kalm tegen beiden.
Dave no les prestó atención y permaneció en silencio como siempre.
Dave schonk er geen aandacht aan en bleef zoals gewoonlijk stil.
Spitz atacó primero a Billee, luego a Joe, para demostrar su dominio.
Spitz viel eerst Billee aan en daarna Joe om zijn dominantie te tonen.
Billee movió la cola y trató de ser amigable con Spitz.
Billee kwispelde met zijn staart en probeerde vriendelijk te zijn tegen Spitz.
Cuando eso no funcionó, intentó huir.
Toen dat niet lukte, probeerde hij weg te rennen.
Lloró tristemente cuando Spitz lo mordió fuerte en el costado.
Hij huilde verdrietig toen Spitz hem hard in zijn zij beet.
Pero Joe era muy diferente y se negaba a dejarse intimidar.

Maar Joe was heel anders en weigerde gepest te worden.
Cada vez que Spitz se acercaba, Joe giraba rápidamente para enfrentarlo.
Elke keer dat Spitz dichterbij kwam, draaide Joe zich snel om om hem onder ogen te komen.
Su pelaje se erizó, sus labios se curvaron y sus dientes chasquearon salvajemente.
Zijn vacht stond overeind, zijn lippen krulden en zijn tanden klappen wild op elkaar.
Los ojos de Joe brillaron de miedo y rabia, desafiando a Spitz a atacar.
Joe's ogen glinsterden van angst en woede en hij daagde Spitz uit om toe te slaan.
Spitz abandonó la lucha y se alejó, humillado y enojado.
Spitz gaf de strijd op en draaide zich om, vernederd en boos.
Descargó su frustración en el pobre Billee y lo ahuyentó.
Hij reageerde zijn frustratie af op de arme Billee en jaagde hem weg.
Esa noche, Perrault añadió un perro más al equipo.
Die avond voegde Perrault nog een hond toe aan het team.
Este perro era viejo, delgado y cubierto de cicatrices de batalla.
Deze hond was oud, mager en bedekt met littekens van de oorlog.
Le faltaba un ojo, pero el otro brillaba con poder.
Eén van zijn ogen was verdwenen, maar het andere oog straalde van kracht.
El nombre del nuevo perro era Solleks, que significaba "el enojado".
De naam van de nieuwe hond was Solleks, wat 'de Boze' betekent.
Al igual que Dave, Solleks no pidió nada a los demás y no dio nada a cambio.
Net als Dave vroeg Solleks niets van anderen en gaf ook niets terug.
Cuando Solleks entró lentamente al campamento, incluso Spitz se mantuvo alejado.

Toen Solleks langzaam het kamp binnenliep, bleef zelfs Spitz weg.

Tenía un hábito extraño que Buck tuvo la mala suerte de descubrir.

Hij had een vreemde gewoonte, maar Buck ontdekte dat tot zijn ongeluk.

A Solleks le disgustaba que se acercaran a él por el lado donde estaba ciego.

Solleks vond het vervelend om benaderd te worden aan de kant waar hij blind was.

Buck no sabía esto y cometió ese error por accidente.

Buck wist dit niet en maakte die fout per ongeluk.

Solleks se dio la vuelta y cortó el hombro de Buck profunda y rápidamente.

Solleks draaide zich om en sneed met een diepe, snelle beweging in Bucks schouder.

A partir de ese momento, Buck nunca se acercó al lado ciego de Solleks.

Vanaf dat moment kwam Buck niet meer in de buurt van de blinde kant van Solleks.

Nunca volvieron a tener problemas durante el resto del tiempo que estuvieron juntos.

Ze hebben de rest van hun tijd samen nooit meer problemen gehad.

Solleks sólo quería que lo dejaran solo, como el tranquilo Dave.

Solleks wilde alleen maar met rust gelaten worden, net als de stille Dave.

Pero Buck se enteraría más tarde de que cada uno tenía otro objetivo secreto.

Maar Buck zou later ontdekken dat ze allebei nog een ander geheim doel hadden.

Esa noche, Buck se enfrentó a un nuevo y preocupante desafío: cómo dormir.

Die nacht werd Buck geconfronteerd met een nieuwe en lastige uitdaging: hoe moest hij slapen?

La tienda brillaba cálidamente con la luz de las velas en el campo nevado.
De tent gloeide warm met het kaarslicht op het besneeuwde veld.
Buck entró, pensando que podría descansar allí como antes.
Buck liep naar binnen met het idee dat hij daar, net als voorheen, even kon uitrusten.
Pero Perrault y François le gritaron y le lanzaron sartenes.
Maar Perrault en François schreeuwden tegen hem en gooiden met pannen.
Sorprendido y confundido, Buck corrió hacia el frío helado.
Geschokt en verward rende Buck de vrieskou in.
Un viento amargo le azotó el hombro herido y le congeló las patas.
Een scherpe wind prikte in zijn gewonde schouder en bevroor zijn poten.
Se tumbó en la nieve y trató de dormir al aire libre.
Hij ging in de sneeuw liggen en probeerde in de open lucht te slapen.
Pero el frío pronto le obligó a levantarse de nuevo, temblando mucho.
Maar door de kou moest hij al snel weer opstaan, terwijl hij hevig trilde.
Deambuló por el campamento intentando encontrar un lugar más cálido.
Hij dwaalde door het kamp, op zoek naar een warmere plek.
Pero cada rincón estaba tan frío como el anterior.
Maar elke hoek was nog steeds even koud als de vorige.
A veces, perros salvajes saltaban sobre él desde la oscuridad.
Soms sprongen wilde honden vanuit de duisternis op hem af.
Buck erizó su pelaje, mostró los dientes y gruñó en señal de advertencia.
Buck zette zijn vacht overeind, ontblootte zijn tanden en gromde waarschuwend.
Estaba aprendiendo rápido y los otros perros se alejaban rápidamente.
Hij leerde snel en de andere honden deinsden snel terug.

Aún así, no tenía dónde dormir ni idea de qué hacer.
Maar hij had nog steeds geen slaapplaats en geen idee wat hij moest doen.
Por fin se le ocurrió una idea: ver cómo estaban sus compañeros de equipo.
Eindelijk kreeg hij een idee: hij moest eens kijken hoe het met zijn teamgenoten ging.
Regresó a su zona y se sorprendió al descubrir que habían desaparecido.
Hij keerde terug naar hun gebied en zag tot zijn verbazing dat ze verdwenen waren.
Nuevamente buscó por todo el campamento, pero todavía no pudo encontrarlos.
Hij doorzocht het kamp opnieuw, maar kon hen nog steeds niet vinden.
Sabía que ellos no podían estar en la tienda, o él también lo estaría.
Hij wist dat ze niet in de tent konden zijn, want anders zou hij er ook zijn.
Entonces ¿a dónde se habían ido todos los perros en este campamento helado?
Waar waren al die honden in dit bevroren kamp gebleven?
Buck, frío y miserable, caminó lentamente alrededor de la tienda.
Buck, koud en ellendig, liep langzaam een rondje om de tent.
De repente, sus patas delanteras se hundieron en la nieve blanda y lo sobresaltó.
Opeens zakten zijn voorpoten in de zachte sneeuw en hij schrok.
Algo se movió bajo sus pies y saltó hacia atrás asustado.
Er bewoog iets onder zijn voeten en hij deinsde angstig achteruit.
Gruñó y rugió sin saber qué había debajo de la nieve.
Hij gromde en snauwde, zonder te weten wat er onder de sneeuw lag.
Entonces oyó un ladrido amistoso que alivió su miedo.

Toen hoorde hij een vriendelijk geblaf, dat zijn angst verminderde.
Olfateó el aire y se acercó para ver qué estaba oculto.
Hij besnuffelde de lucht en kwam dichterbij om te zien wat er verborgen was.
Bajo la nieve, acurrucada en una bola cálida, estaba la pequeña Billee.
Onder de sneeuw, opgerold als een warm balletje, lag de kleine Billee.
Billee movió la cola y lamió la cara de Buck para saludarlo.
Billee kwispelde met zijn staart en likte Bucks gezicht om hem te begroeten.
Buck vio cómo Billee había hecho un lugar para dormir en la nieve.
Buck zag hoe Billee een slaapplaats in de sneeuw had gemaakt.
Había cavado y usado su propio calor para mantenerse caliente.
Hij had gegraven en zijn eigen warmte gebruikt om warm te blijven.
Buck había aprendido otra lección: así era como dormían los perros.
Buck had nog een les geleerd: dit was hoe honden sliepen.
Eligió un lugar y comenzó a cavar su propio hoyo en la nieve.
Hij koos een plek uit en begon een gat in de sneeuw te graven.
Al principio, se movía demasiado y desperdiciaba energía.
In het begin bewoog hij te veel en verspilde hij energie.
Pero pronto su cuerpo calentó el espacio y se sintió seguro.
Maar al snel verwarmde zijn lichaam de ruimte en voelde hij zich veilig.
Se acurrucó fuertemente y al poco tiempo estaba profundamente dormido.
Hij rolde zich op en viel al snel in een diepe slaap.
El día había sido largo y duro, y Buck estaba exhausto.
Het was een lange en zware dag geweest en Buck was uitgeput.

Durmió profundamente y cómodamente, aunque sus sueños fueron salvajes.
Hij sliep diep en comfortabel, hoewel zijn dromen wild waren.
Gruñó y ladró mientras dormía, retorciéndose mientras soñaba.
Hij gromde en blafte in zijn slaap en draaide zich om terwijl hij droomde.

Buck no se despertó hasta que el campamento ya estaba cobrando vida.
Buck werd pas wakker toen het kamp al tot leven kwam.
Al principio, no sabía dónde estaba ni qué había sucedido.
In eerste instantie wist hij niet waar hij was of wat er gebeurd was.
Había nevado durante la noche y había enterrado completamente su cuerpo.
In de nacht was er sneeuw gevallen en zijn lichaam was volledig bedekt.
La nieve lo apretaba por todos lados.
De sneeuw drukte zich om hem heen, aan alle kanten dicht.
De repente, una ola de miedo recorrió todo el cuerpo de Buck.
Opeens voelde Buck een golf van angst door zijn hele lichaam gaan.
Era el miedo a quedar atrapado, un miedo que provenía de instintos profundos.
Het was de angst om vast te zitten, een angst die voortkwam uit diepe instincten.
Aunque nunca había visto una trampa, el miedo vivía dentro de él.
Ook al had hij nog nooit een val gezien, de angst leefde in hem.
Era un perro domesticado, pero ahora sus viejos instintos salvajes estaban despertando.
Hij was een tamme hond, maar nu kwamen zijn oude wilde instincten weer naar boven.

Los músculos de Buck se tensaron y se le erizó el pelaje por toda la espalda.
Bucks spieren spanden zich aan en zijn vacht stond overeind.
Gruñó ferozmente y saltó hacia arriba a través de la nieve.
Hij gromde hevig en sprong recht omhoog door de sneeuw.
La nieve voló en todas direcciones cuando estalló la luz del día.
Terwijl hij het daglicht binnenstormde, vloog de sneeuw alle kanten op.
Incluso antes de aterrizar, Buck vio el campamento extendido ante él.
Nog voor de landing zag Buck het kamp voor zich liggen.
Recordó todo del día anterior, de repente.
In één keer herinnerde hij zich alles van de vorige dag.
Recordó pasear con Manuel y terminar en ese lugar.
Hij herinnerde zich dat hij met Manuel had rondgewandeld en dat hij op deze plek was beland.
Recordó haber cavado el hoyo y haberse quedado dormido en el frío.
Hij herinnert zich dat hij het gat had gegraven en in de kou in slaap was gevallen.
Ahora estaba despierto y el mundo salvaje que lo rodeaba estaba claro.
Hij was nu wakker en zag de wilde wereld om hem heen helder.
Un grito de François saludó la repentina aparición de Buck.
François juichte toen Buck plotseling verscheen.
—¿Qué te dije? —gritó en voz alta el conductor del perro a Perrault.
"Wat heb ik gezegd?" riep de hondenmenner luid naar Perrault.
"Ese Buck sin duda aprende muy rápido", añadió François.
"Die Buck leert echt supersnel", voegde François toe.
Perrault asintió gravemente, claramente satisfecho con el resultado.
Perrault knikte ernstig. Hij was duidelijk tevreden met het resultaat.

Como mensajero del gobierno canadiense, transportaba despachos.
Als koerier voor de Canadese regering bezorgde hij berichten.
Estaba ansioso por encontrar los mejores perros para su importante misión.
Hij wilde dolgraag de beste honden vinden voor zijn belangrijke missie.
Se sintió especialmente complacido ahora que Buck era parte del equipo.
Hij was vooral blij dat Buck nu deel uitmaakte van het team.
Se agregaron tres huskies más al equipo en una hora.
Binnen een uur werden er nog drie husky's aan het team toegevoegd.
Eso elevó el número total de perros en el equipo a nueve.
Daarmee kwam het totaal aantal honden in het team op negen.
En quince minutos todos los perros estaban en sus arneses.
Binnen vijftien minuten zaten alle honden in hun harnassen.
El equipo de trineos avanzaba por el sendero hacia Dyea Cañón.
Het sleeteam slingerde het pad op richting Dyea Cañón.
Buck se sintió contento de partir, incluso si el trabajo que tenía por delante era duro.
Buck was blij dat hij kon vertrekken, ook al was het werk dat hij moest doen zwaar.
Descubrió que no despreciaba especialmente el trabajo ni el frío.
Hij merkte dat hij het werk en de kou niet bepaald verafschuwde.
Le sorprendió el entusiasmo que llenaba a todo el equipo.
Hij was verrast door de enthousiasme van het hele team.
Aún más sorprendente fue el cambio que se produjo en Dave y Solleks.
Nog verrassender was de verandering die Dave en Solleks ondergingen.
Estos dos perros eran completamente diferentes cuando estaban enjaezados.

Deze twee honden waren totaal verschillend toen ze in een tuig zaten.
Su pasividad y falta de preocupación habían desaparecido por completo.
Hun passiviteit en onverschilligheid waren volledig verdwenen.
Estaban alertas y activos, y ansiosos por hacer bien su trabajo.
Ze waren alert en actief en wilden hun werk graag goed doen.
Se irritaban ferozmente ante cualquier cosa que causara retraso o confusión.
Ze raakten hevig geïrriteerd bij alles wat vertraging of verwarring veroorzaakte.
El duro trabajo en las riendas era el centro de todo su ser.
Het harde werk aan de teugels was het middelpunt van hun hele bestaan.
Tirar del trineo parecía ser lo único que realmente disfrutaban.
Het leek erop dat sleeën het enige was waar ze echt plezier in hadden.
Dave estaba en la parte de atrás del grupo, más cerca del trineo.
Dave liep achterin de groep, het dichtst bij de slee.
Buck fue colocado delante de Dave, y Solleks se adelantó a Buck.
Buck werd voor Dave geplaatst en Solleks werd voor Buck geplaatst.
El resto de los perros estaban dispersos adelante, en una sola fila.
De overige honden stonden in een lange rij voorop.
La posición de cabeza en la parte delantera quedó ocupada por Spitz.
De leidende positie aan het front werd ingevuld door Spitz.
Buck había sido colocado entre Dave y Solleks para recibir instrucción.
Buck was tussen Dave en Solleks geplaatst om instructies te krijgen.

Él aprendía rápido y sus profesores eran firmes y capaces.
Hij leerde snel en de andere leraren waren streng en bekwaam.
Nunca permitieron que Buck permaneciera en el error por mucho tiempo.
Ze hebben Buck nooit lang in een fout laten blijven.
Enseñaron sus lecciones con dientes afilados cuando era necesario.
Ze gaven hun lessen met scherpe tanden als dat nodig was.
Dave era justo y mostraba un tipo de sabiduría tranquila y seria.
Dave was eerlijk en toonde een rustige, serieuze soort wijsheid.
Él nunca mordió a Buck sin una buena razón para hacerlo.
Hij beet Buck nooit zonder goede reden.
Pero nunca dejó de morder cuando Buck necesitaba corrección.
Maar hij bleef niet in gebreke met bijten als Buck gecorrigeerd moest worden.
El látigo de Francisco estaba siempre listo y respaldaba su autoridad.
De whip van François stond altijd klaar en ondersteunde hun gezag.
Buck pronto descubrió que era mejor obedecer que defenderse.
Buck kwam er al snel achter dat het beter was om te gehoorzamen dan terug te vechten.
Una vez, durante un breve descanso, Buck se enredó en las riendas.
Een keer, tijdens een korte rustperiode, raakte Buck verstrikt in de teugels.
Retrasó el inicio y confundió los movimientos del equipo.
Hij vertraagde de start en bracht de bewegingen van het team in de war.
Dave y Solleks se abalanzaron sobre él y le dieron una paliza brutal.

Dave en Solleks vlogen op hem af en gaven hem een flink pak slaag.
El enredo sólo empeoró, pero Buck aprendió bien la lección.
De situatie werd alleen maar erger, maar Buck leerde zijn lesje.
A partir de entonces, mantuvo las riendas tensas y trabajó con cuidado.
Vanaf dat moment hield hij de teugels strak en ging hij nauwkeurig te werk.
Antes de que terminara el día, Buck había dominado gran parte de su tarea.
Voor het einde van de dag had Buck het grootste deel van zijn taak onder de knie.
Sus compañeros casi dejaron de corregirlo y morderlo.
Zijn teamgenoten stopten bijna met hem te corrigeren of te bijten.
El látigo de François resonaba cada vez con menos frecuencia en el aire.
De zweep van François knalde steeds minder vaak door de lucht.
Perrault incluso levantó los pies de Buck y examinó cuidadosamente cada pata.
Perrault tilde zelfs Bucks voeten op en onderzocht zorgvuldig elke poot.
Había sido un día de carrera duro, largo y agotador para todos ellos.
Het was een zware dag hardlopen geweest, lang en uitputtend voor hen allemaal.
Viajaron por el Cañón, atravesando Sheep Camp y pasando por Scales.
Ze reisden door de Cañon, door Sheep Camp en langs de Scales.
Cruzaron la línea de árboles, luego glaciares y bancos de nieve de muchos metros de profundidad.
Ze passeerden de boomgrens en vervolgens gletsjers en metersdikke sneeuwduinen.
Escalaron la gran, fría y prohibitiva divisoria de Chilkoot.

Ze beklommen de grote, koude en onherbergzame Chilkoot Divide.
Esa alta cresta se encontraba entre el agua salada y el interior helado.
Die hoge bergrug lag tussen het zoute water en het bevroren binnenland.
Las montañas custodiaban con hielo y empinadas subidas el triste y solitario Norte.
De bergen bewaakten het trieste en eenzame Noorden met ijs en steile hellingen.
Avanzaron a buen ritmo por una larga cadena de lagos debajo de la divisoria.
Ze maakten goede vorderingen in een lange keten van meren beneden de waterscheiding.
Esos lagos llenaban los antiguos cráteres de volcanes extintos.
Deze meren vulden de oude kraters van uitgedoofde vulkanen.
Tarde esa noche, llegaron a un gran campamento en el lago Bennett.
Laat die nacht bereikten ze een groot kamp bij Lake Bennett.
Miles de buscadores de oro estaban allí, construyendo barcos para la primavera.
Duizenden goudzoekers waren daar bezig boten te bouwen voor de lente.
El hielo se rompería pronto y tenían que estar preparados.
Het ijs zou binnenkort breken, dus ze moesten voorbereid zijn.
Buck cavó su hoyo en la nieve y cayó en un sueño profundo.
Buck groef een gat in de sneeuw en viel in een diepe slaap.
Durmió como un trabajador, exhausto por la dura jornada de trabajo.
Hij sliep als een arbeider, uitgeput van een dag hard werken.
Pero demasiado pronto, en la oscuridad, fue sacado del sueño.
Maar al te vroeg in de duisternis werd hij uit zijn slaap gerukt.
Fue enganchado nuevamente con sus compañeros y sujeto al trineo.

Hij werd weer met zijn maten ingespannen en aan de slee vastgemaakt.
Aquel día hicieron cuarenta millas, porque la nieve estaba muy pisoteada.
Die dag legden ze ruim 65 kilometer af, omdat er veel sneeuw lag.
Al día siguiente, y durante muchos días más, la nieve estaba blanda.
De volgende dag, en nog vele dagen daarna, was de sneeuw zacht.
Tuvieron que hacer el camino ellos mismos, trabajando más duro y moviéndose más lento.
Ze moesten het pad zelf aanleggen. Hiervoor moesten ze harder werken en langzamer bewegen.
Por lo general, Perrault caminaba delante del equipo con raquetas de nieve palmeadas.
Normaal gesproken liep Perrault met zwemvliezen op sneeuwschoenen voorop.
Sus pasos compactaron la nieve, facilitando el movimiento del trineo.
Door zijn stappen drukte hij de sneeuw aan, waardoor de slee makkelijker voortbewoog.
François, que dirigía el barco desde la dirección, a veces tomaba el relevo.
François, die vanaf de stuurknuppel aan het roer stond, nam soms de controle over.
Pero era raro que François tomara la iniciativa.
Maar het was zeldzaam dat François de leiding nam
porque Perrault tenía prisa por entregar las cartas y los paquetes.
omdat Perrault haast had om de brieven en pakketten te bezorgen.
Perrault estaba orgulloso de su conocimiento de la nieve, y especialmente del hielo.
Perrault was trots op zijn kennis van sneeuw en vooral van ijs.
Ese conocimiento era esencial porque el hielo en otoño era peligrosamente delgado.

Die kennis was essentieel, omdat het herfstijs gevaarlijk dun was.

Allí donde el agua fluía rápidamente bajo la superficie, no había hielo en absoluto.
Waar het water snel onder het oppervlak stroomde, was er helemaal geen ijs.

Día tras día, la misma rutina se repetía sin fin.
Dag in, dag uit, dezelfde routine, eindeloos herhaald.

Buck trabajó incansablemente en las riendas desde el amanecer hasta la noche.
Buck zwoegde eindeloos aan de teugels, van 's ochtends vroeg tot 's avonds laat.

Abandonaron el campamento en la oscuridad, mucho antes de que saliera el sol.
Ze verlieten het kamp in het donker, lang voordat de zon opkwam.

Cuando amaneció, ya habían recorrido muchos kilómetros.
Toen het daglicht aanbrak, hadden ze al vele kilometers afgelegd.

Acamparon después del anochecer, comieron pescado y excavaron en la nieve.
Ze zetten hun kamp op nadat het donker was geworden. Ze aten vis en groeven zich in de sneeuw.

Buck siempre tenía hambre y nunca estaba realmente satisfecho con su ración.
Buck had altijd honger en was nooit echt tevreden met zijn rantsoen.

Recibía una libra y media de salmón seco cada día.
Hij kreeg elke dag 650 gram gedroogde zalm.

Pero la comida parecía desaparecer dentro de él, dejando atrás el hambre.
Maar het eten leek in hem te verdwijnen, en de honger bleef achter.

Sufría constantes dolores de hambre y soñaba con más comida.
Hij had voortdurend honger en droomde van meer eten.

Los otros perros sólo ganaron una libra, pero se mantuvieron fuertes.
De andere honden kregen maar een pond eten, maar ze bleven sterk.
Eran más pequeños y habían nacido en la vida del norte.
Ze waren kleiner en geboren in het noordelijke leven.
Perdió rápidamente la meticulosidad que había caracterizado su antigua vida.
Hij verloor al snel de nauwgezetheid die zijn oude leven kenmerkte.
Había sido un comensal delicado, pero ahora eso ya no era posible.
Vroeger was hij een kieskeurige eter, maar dat was nu niet meer mogelijk.
Sus compañeros terminaron primero y le robaron su ración sobrante.
Zijn kameraden waren als eerste klaar en beroofden hem van zijn restjes proviand.
Una vez que empezaron, no había forma de defender su comida de ellos.
Toen ze eenmaal begonnen, kon hij zijn eten niet meer tegen hen verdedigen.
Mientras él luchaba contra dos o tres perros, los otros le robaron el resto.
Terwijl hij met twee of drie honden vocht, stalen de anderen de rest.
Para solucionar esto, comenzó a comer tan rápido como los demás.
Om dit te verhelpen, begon hij net zo snel te eten als de anderen.
El hambre lo empujó tan fuerte que incluso tomó comida que no era suya.
De honger dreef hem zo erg dat hij zelfs voedsel nam dat niet van hem was.
Observó a los demás y aprendió rápidamente de sus acciones.
Hij observeerde de anderen en leerde snel van hun daden.

Vio a Pike, un perro nuevo, robarle una rebanada de tocino a Perrault.
Hij zag hoe Pike, een nieuwe hond, een plak spek van Perrault stal.

Pike había esperado hasta que Perrault se dio la espalda para robarle el tocino.
Pike had gewacht tot Perrault zijn rug had toegekeerd om het spek te stelen.

Al día siguiente, Buck copió a Pike y robó todo el trozo.
De volgende dag kopieerde Buck het voorbeeld van Pike en stal het hele stuk.

Se produjo un gran alboroto, pero no se sospechó de Buck.
Er ontstond een groot tumult, maar Buck werd niet verdacht.

Dub, un perro torpe que siempre era atrapado, fue castigado.
In plaats daarvan werd Dub, een onhandige hond die altijd werd betrapt, gestraft.

Ese primer robo marcó a Buck como un perro apto para sobrevivir en el Norte.
Die eerste diefstal maakte van Buck een hond die in het Noorden kon overleven.

Demostró que podía adaptarse a nuevas condiciones y aprender rápidamente.
Hij liet zien dat hij zich aan nieuwe omstandigheden kon aanpassen en snel kon leren.

Sin esa adaptabilidad, habría muerto rápida y gravemente.
Zonder dit aanpassingsvermogen zou hij snel en ernstig zijn gestorven.

También marcó el colapso de su naturaleza moral y de sus valores pasados.
Het betekende ook de teloorgang van zijn morele aard en zijn vroegere waarden.

En el Sur, había vivido bajo la ley del amor y la bondad.
In het Zuiden leefde hij volgens de wet van liefde en vriendelijkheid.

Allí tenía sentido respetar la propiedad y los sentimientos de los otros perros.

Daar was het zinvol om respect te hebben voor eigendommen en de gevoelens van andere honden.
Pero en el Norte se aplicaba la ley del garrote y la ley del colmillo.
Maar in het Noorden golden de wetten van de knots en de wetten van de slagtanden.
Quienquiera que respetara los viejos valores aquí sería un tonto y fracasaría.
Wie hier de oude waarden zou respecteren, was dwaas en zou falen.
Buck no razonó todo esto en su mente.
Buck had dit allemaal niet in zijn hoofd bedacht.
Estaba en forma y se adaptó sin necesidad de pensar.
Hij was fit en paste zich aan zonder erbij na te denken.
Durante toda su vida, nunca había huido de una pelea.
Hij was zijn hele leven nog nooit voor een gevecht weggelopen.
Pero el garrote de madera del hombre del suéter rojo cambió esa regla.
Maar de houten knuppel van de man in de rode trui veranderde die regel.
Ahora seguía un código más profundo y antiguo escrito en su ser.
Nu volgde hij een diepere, oudere code die in zijn wezen geschreven was.
No robó por placer sino por el dolor del hambre.
Hij stal niet uit genot, maar uit pijn, veroorzaakt door honger.
Él nunca robaba abiertamente, sino que hurtaba con astucia y cuidado.
Hij roofde nooit openlijk, maar stal met list en zorg.
Actuó por respeto al garrote de madera y por miedo al colmillo.
Hij handelde uit respect voor de houten knuppel en uit angst voor de slagtand.
En resumen, hizo lo que era más fácil y seguro que no hacerlo.

Kortom, hij deed wat gemakkelijker en veiliger was dan het niet doen.

Su desarrollo —o quizás su regreso a los viejos instintos— fue rápido.

Zijn ontwikkeling, of misschien zijn terugkeer naar oude instincten, verliep snel.

Sus músculos se endurecieron hasta sentirse tan fuertes como el hierro.

Zijn spieren werden harder, totdat ze zo sterk aanvoelden als ijzer.

Ya no le importaba el dolor, a menos que fuera grave.

Pijn kon hem niet meer schelen, tenzij het ernstig was.

Se volvió eficiente por dentro y por fuera, sin desperdiciar nada.

Hij werd zowel van binnen als van buiten efficiënt en verspilde helemaal niets.

Podía comer cosas viles, podridas o difíciles de digerir.

Hij kon dingen eten die vies, rot of moeilijk te verteren waren.

Todo lo que comía, su estómago aprovechaba hasta el último vestigio de valor.

Wat hij ook at, zijn maag gebruikte het laatste restje waardevolle voedsel.

Su sangre transportaba los nutrientes a través de su poderoso cuerpo.

Zijn bloed transporteerde de voedingsstoffen door zijn krachtige lichaam.

Esto creó tejidos fuertes que le dieron una resistencia increíble.

Hierdoor ontwikkelde hij sterke weefsels die hem een ongelooflijk uithoudingsvermogen gaven.

Su vista y su olfato se volvieron mucho más sensibles que antes.

Zijn zicht en reukvermogen werden veel gevoeliger dan voorheen.

Su audición se agudizó tanto que podía detectar sonidos débiles durante el sueño.

Zijn gehoor werd zo scherp dat hij in zijn slaap zelfs zwakke geluiden kon waarnemen.
Sabía en sueños si los sonidos significaban seguridad o peligro.
In zijn dromen wist hij of de geluiden veiligheid of gevaar betekenden.
Aprendió a morder el hielo entre los dedos de los pies con los dientes.
Hij leerde met zijn tanden het ijs tussen zijn tenen te bijten.
Si un charco de agua se congelaba, rompía el hielo con las piernas.
Als een waterpoel dichtvroor, brak hij het ijs met zijn benen.
Se encabritó y golpeó con fuerza el hielo con sus rígidas patas delanteras.
Hij steigerde en sloeg met zijn stijve voorste ledematen hard op het ijs.
Su habilidad más sorprendente era predecir los cambios del viento durante la noche.
Zijn meest opvallende talent was het voorspellen van veranderingen in de wind gedurende de nacht.
Incluso cuando el aire estaba quieto, elegía lugares protegidos del viento.
Zelfs als het windstil was, zocht hij een plek uit waar hij beschut tegen de wind lag.
Dondequiera que cavaba su nido, el viento del día siguiente lo pasaba de largo.
Waar hij ook zijn nest groef, de volgende dag waaide de wind aan hem voorbij.
Siempre acababa abrigado y protegido, a sotavento de la brisa.
Hij kwam altijd beschut en knus terecht, uit de wind.
Buck no sólo aprendió con la experiencia: sus instintos también regresaron.
Buck leerde niet alleen door ervaring, ook zijn instincten kwamen terug.
Los hábitos de las generaciones domesticadas comenzaron a desaparecer.

De gewoonten van de gedomesticeerde generaties begonnen te verdwijnen.
De manera vaga, recordaba los tiempos antiguos de su raza.
Op een vage manier herinnerde hij zich de oude tijden van zijn ras.
Recordó cuando los perros salvajes corrían en manadas por los bosques.
Hij dacht terug aan de tijd dat wilde honden in roedels door de bossen renden.
Habían perseguido y matado a su presa mientras la perseguían.
Ze hadden hun prooi achtervolgd en gedood terwijl ze erop jaagden.
Para Buck fue fácil aprender a pelear con dientes y velocidad.
Voor Buck was het gemakkelijk om te leren vechten met hand en tand.
Utilizaba cortes, tajos y chasquidos rápidos igual que sus antepasados.
Hij maakte net als zijn voorouders gebruik van snij- en snitten en snelle knipbewegingen.
Aquellos antepasados se agitaron dentro de él y despertaron su naturaleza salvaje.
Deze voorouders kwamen in hem tot leven en wekten zijn wilde natuur.
Sus antiguas habilidades habían pasado a él a través de la línea de sangre.
Hun oude vaardigheden waren via de bloedlijn aan hem doorgegeven.
Sus trucos ahora eran suyos, sin necesidad de práctica ni esfuerzo.
Hij kon nu zijn trucs uitvoeren, zonder dat hij er enige oefening of moeite voor hoefde te doen.

En las noches frías y quietas, Buck levantaba la nariz y aullaba.
Op windstille, koude nachten hief Buck zijn neus op en huilde.

Aulló largo y profundamente, como lo hacían los lobos antaño.
Hij huilde lang en diep, zoals wolven dat lang geleden deden.
A través de él, sus antepasados muertos apuntaron sus narices y aullaron.
Via hem spitsten zijn overleden voorouders hun neuzen en huilden.
Aullaron a través de los siglos con su voz y su forma.
Ze huilden door de eeuwen heen met zijn stem en gedaante.
Sus cadencias eran las de ellos, viejos gritos que hablaban de dolor y frío.
Zijn cadans was de hunne, oude kreten die verdriet en kou uitdrukten.
Cantaron sobre la oscuridad, el hambre y el significado del invierno.
Ze zongen over duisternis, over honger en de betekenis van de winter.
Buck demostró cómo la vida está determinada por fuerzas ajenas a uno mismo.
Buck bewees hoe het leven wordt gevormd door krachten buiten jezelf,
La antigua canción se elevó a través de Buck y se apoderó de su alma.
het oude lied klonk door Buck heen en nam bezit van zijn ziel.
Se encontró a sí mismo porque los hombres habían encontrado oro en el Norte.
Hij vond zichzelf terug omdat men in het Noorden goud had gevonden.
Y se encontró porque Manuel, el ayudante del jardinero, necesitaba dinero.
En hij vond zichzelf terug, want Manuel, het hulpje van de tuinman, had geld nodig.

La Bestia Primordial Dominante
Het dominante oerbeest

La bestia primordial dominante era tan fuerte como siempre en Buck.
Het dominante oerbeest was in Buck nog steeds even sterk.
Pero la bestia primordial dominante yacía latente en él.
Maar het dominante oerbeest sluimerde in hem.
La vida en el camino era dura, pero fortalecía a la bestia que Buck llevaba dentro.
Het leven op de trail was hard, maar het sterkte Buck in zijn kracht.
En secreto, la bestia se hacía cada día más fuerte.
In het geheim werd het beest elke dag sterker en sterker.
Pero ese crecimiento interior permaneció oculto para el mundo exterior.
Maar die innerlijke groei bleef voor de buitenwereld verborgen.
Una fuerza primordial, tranquila y calmada se estaba construyendo dentro de Buck.
Er ontstond een stille en kalme oerkracht in Buck.
Una nueva astucia le proporcionó a Buck equilibrio, calma, control y aplomo.
Door zijn nieuwe sluwheid kreeg Buck evenwicht, kalmte en beheerstheid.
Buck se concentró mucho en adaptarse, sin sentirse nunca totalmente relajado.
Buck concentreerde zich vooral op aanpassing en voelde zich nooit helemaal ontspannen.
Él evitaba los conflictos, nunca iniciaba peleas ni buscaba problemas.
Hij vermeed conflicten, begon nooit gevechten en zocht nooit problemen.
Una reflexión lenta y constante moldeó cada movimiento de Buck.
Een langzame, constante overweging bepaalde elke beweging van Buck.

Evitó las elecciones precipitadas y las decisiones repentinas e imprudentes.
Hij vermeed overhaaste keuzes en plotselinge, roekeloze beslissingen.
Aunque Buck odiaba profundamente a Spitz, no le mostró ninguna agresión.
Hoewel Buck Spitz enorm haatte, toonde hij hem geen enkele agressie.
Buck nunca provocó a Spitz y mantuvo sus acciones moderadas.
Buck provoceerde Spitz nooit en hield zich ingetogen.
Spitz, por otro lado, percibió el creciente peligro en Buck.
Spitz voelde daarentegen het groeiende gevaar bij Buck.
Él veía a Buck como una amenaza y un serio desafío a su poder.
Hij zag Buck als een bedreiging en een serieuze uitdaging voor zijn macht.
Aprovechó cada oportunidad para gruñir y mostrar sus afilados dientes.
Hij greep elke kans aan om te grommen en zijn scherpe tanden te laten zien.
Estaba tratando de iniciar la pelea mortal que estaba por venir.
Hij probeerde het dodelijke gevecht dat zou volgen, te beginnen.
Al principio del viaje casi se desató una pelea entre ellos.
Al vroeg tijdens de reis ontstond er bijna een gevecht tussen hen.
Pero un accidente inesperado detuvo la pelea.
Maar door een onverwacht ongeluk ging het gevecht niet door.
Esa tarde acamparon en el gélido lago Le Barge.
Die avond zetten ze hun kamp op bij het ijskoude meer van Le Barge.
La nieve caía con fuerza y el viento cortaba como un cuchillo.
Het sneeuwde pijpenstelen en de wind sneed als een mes.

La noche había llegado demasiado rápido y la oscuridad los rodeaba.
De nacht was veel te snel gevallen en het werd donker om hen heen.
Difícilmente podrían haber elegido un peor lugar para descansar.
Een slechtere plek om te rusten hadden ze zich nauwelijks kunnen wensen.
Los perros buscaban desesperadamente un lugar donde tumbarse.
De honden zochten wanhopig naar een plek om te liggen.
Detrás del pequeño grupo se alzaba una alta pared de roca.
Achter het kleine groepje verrees een hoge rotswand.
La tienda de campaña había sido abandonada en Dyea para aligerar la carga.
De tent was in Dyea achtergelaten om de last te verlichten.
No les quedó más remedio que hacer el fuego sobre el propio hielo.
Ze hadden geen andere keus dan het vuur op het ijs zelf te maken.
Extendieron sus batas para dormir directamente sobre el lago helado.
Ze spreiden hun slaapkleedjes rechtstreeks op het bevroren meer uit.
Unos cuantos palitos de madera flotante les dieron un poco de fuego.
Een paar stukken drijfhout gaven hen een beetje vuur.
Pero el fuego se construyó sobre el hielo y se descongeló a través de él.
Maar het vuur ontstond op het ijs en ontdooide erdoorheen.
Al final, estaban comiendo su cena en la oscuridad.
Uiteindelijk aten ze in het donker hun avondeten.
Buck se acurrucó junto a la roca, protegido del viento frío.
Buck krulde zich op naast de rots, beschut tegen de koude wind.
El lugar era tan cálido y seguro que Buck odiaba mudarse.

Het was er zo warm en veilig dat Buck het vreselijk vond om weg te gaan.
Pero François había calentado el pescado y estaba repartiendo raciones.
Maar François had de vis opgewarmd en was bezig met het uitdelen van rantsoenen.
Buck terminó de comer rápidamente y regresó a su cama.
Buck at snel verder en ging terug naar bed.
Pero Spitz ahora estaba acostado donde Buck había hecho su cama.
Maar Spitz lag nu waar Buck zijn bed had gemaakt.
Un gruñido bajo advirtió a Buck que Spitz se negaba a moverse.
Een zacht gegrom waarschuwde Buck dat Spitz weigerde te bewegen.
Hasta ahora, Buck había evitado esta pelea con Spitz.
Tot nu toe had Buck dit gevecht met Spitz vermeden.
Pero en lo más profundo de Buck la bestia finalmente se liberó.
Maar diep van binnen, diep in Buck, brak het beest uiteindelijk los.
El robo de su lugar para dormir era algo demasiado difícil de tolerar.
De diefstal van zijn slaapplaats was ondraaglijk.
Buck se lanzó hacia Spitz, lleno de ira y rabia.
Buck stortte zich op Spitz, vol woede en razernij.
Hasta ahora Spitz había pensado que Buck era sólo un perro grande.
Tot nu toe had Spitz gedacht dat Buck gewoon een grote hond was.
No creía que Buck hubiera sobrevivido a través de su espíritu.
Hij geloofde niet dat Buck het alleen had overleefd dankzij zijn geest.
Esperaba miedo y cobardía, no furia y venganza.
Hij verwachtte angst en lafheid, geen woede en wraak.

François se quedó mirando mientras los dos perros salían del nido en ruinas.
François keek toe hoe beide honden uit het verwoeste nest sprongen.
Comprendió de inmediato lo que había iniciado la salvaje lucha.
Hij begreep meteen wat de aanleiding was geweest voor deze wilde strijd.
—¡Ah! —gritó François en apoyo del perro marrón.
"Aa-ah!" riep François ter ondersteuning van de bruine hond.
¡Dale una paliza! ¡Por Dios, castiga a ese ladrón astuto!
"Geef hem een pak slaag! Bij God, straf die sluwe dief!"
Spitz mostró la misma disposición y un entusiasmo salvaje por luchar.
Spitz toonde evenveel bereidheid als een groot enthousiasme om te vechten.
Gritó de rabia mientras giraba rápidamente en busca de una abertura.
Hij schreeuwde het uit van woede, terwijl hij snel rondjes draaide, op zoek naar een opening.
Buck mostró el mismo hambre de luchar y la misma cautela.
Buck toonde dezelfde vechtlust en dezelfde voorzichtigheid.
También rodeó a su oponente, intentando obtener la ventaja en la batalla.
Ook hij omsingelde zijn tegenstander en probeerde zo de overhand te krijgen in de strijd.
Entonces sucedió algo inesperado y lo cambió todo.
Toen gebeurde er iets onverwachts en veranderde alles.
Ese momento retrasó la eventual lucha por el liderazgo.
Dat moment zorgde ervoor dat de uiteindelijke strijd om het leiderschap werd uitgesteld.
Muchos kilómetros de camino y lucha aún nos esperaban antes del final.
Er wachtten nog vele kilometers aan paden en strijd voordat het einde nabij was.
Perrault gritó un juramento cuando un garrote impactó contra el hueso.

Perrault schreeuwde een vloek terwijl een knuppel tegen een bot sloeg.
Se escuchó un agudo grito de dolor y luego el caos explotó por todas partes.
Er volgde een scherpe pijnkreet, waarna er overal chaos ontstond.
En el campamento se movían figuras oscuras: perros esquimales salvajes, hambrientos y feroces.
In het kamp waren donkere gedaantes te zien; wilde husky's, uitgehongerd en woest.
Cuatro o cinco docenas de perros esquimales habían olfateado el campamento desde lejos.
Vier of vijf dozijn husky's hadden het kamp al van veraf besnuffeld.
Se habían colado sigilosamente mientras los dos perros peleaban cerca.
Ze waren stilletjes naar binnen geslopen, terwijl de twee honden in de buurt aan het vechten waren.
François y Perrault atacaron con garrotes a los invasores.
François en Perrault stormden naar de indringers en zwaaiden met hun knuppels.
Los perros esquimales hambrientos mostraron los dientes y contraatacaron frenéticamente.
De uitgehongerde husky's lieten hun tanden zien en vochten woest terug.
El olor a carne y a pan les había hecho perder todo miedo.
De geur van vlees en brood had alle angst overwonnen.
Perrault golpeó a un perro que había enterrado su cabeza en el cajón de comida.
Perrault sloeg een hond die zijn kop in de voedselbak had begraven.
El golpe fue muy fuerte y la caja se volcó, derramándose comida.
De klap kwam hard aan, de doos kantelde en het eten viel eruit.
En cuestión de segundos, una veintena de bestias salvajes destrozaron el pan y la carne.

Binnen enkele seconden werd het brood en het vlees door tientallen wilde dieren verscheurd.

Los garrotes de los hombres asestaron golpe tras golpe, pero ningún perro se apartó.

De knuppels van de mannen deelden de ene na de andere klap uit, maar geen enkele hond keerde zich om.

Aullaron de dolor, pero lucharon hasta que no quedó comida.

Ze huilden van de pijn, maar vochten tot er geen eten meer over was.

Mientras tanto, los perros de trineo habían saltado de sus camas nevadas.

Ondertussen waren de sledehonden uit hun besneeuwde bedden gesprongen.

Fueron atacados instantáneamente por los feroces y hambrientos huskies.

Ze werden onmiddellijk aangevallen door de gevaarlijke, hongerige husky's.

Buck nunca había visto criaturas tan salvajes y hambrientas antes.

Buck had nog nooit zulke wilde en uitgehongerde wezens gezien.

Su piel colgaba suelta, ocultando apenas sus esqueletos.

Hun huid hing los en bedekte nauwelijks hun skelet.

Había un fuego en sus ojos, de hambre y locura.

Er was vuur in hun ogen, van honger en waanzin

No había manera de detenerlos, de resistirse a su ataque salvaje.

Er was geen houden meer aan, geen weerstand te bieden aan hun woeste aanval.

Los perros de trineo fueron empujados hacia atrás y presionados contra la pared del acantilado.

De sledehonden werden achteruit geduwd en tegen de rotswand gedrukt.

Tres perros esquimales atacaron a Buck a la vez, desgarrando su carne.

Drie husky's vielen Buck tegelijk aan en scheurden zijn vlees open.
La sangre le brotaba de la cabeza y de los hombros, donde había recibido el corte.
Bloed stroomde uit zijn hoofd en schouders, waar hij was gesneden.
El ruido llenó el campamento: gruñidos, aullidos y gritos de dolor.
Het lawaai vulde het kamp: gegrom, gejank en kreten van pijn.
Billee gritó fuerte, como siempre, atrapada en la pelea y el pánico.
Billee huilde luid, zoals gewoonlijk, omdat ze midden in de strijd en in paniek raakte.
Dave y Solleks estaban uno al lado del otro, sangrando pero desafiantes.
Dave en Solleks stonden naast elkaar, bloedend maar uitdagend.
Joe peleó como un demonio, mordiendo todo lo que se acercaba.
Joe vocht als een duivel en beet alles wat in de buurt kwam.
Aplastó la pata de un husky con un brutal chasquido de sus mandíbulas.
Hij verbrijzelde de poot van een husky met één brute klap van zijn kaken.
Pike saltó sobre el husky herido y le rompió el cuello instantáneamente.
Pike sprong op de gewonde husky en brak onmiddellijk zijn nek.
Buck agarró a un husky por el cuello y le arrancó la vena.
Buck greep een husky bij de keel en sneed de ader open.
La sangre salpicó y el sabor cálido llevó a Buck al frenesí.
Het bloed spoot en de warme smaak zorgde ervoor dat Buck helemaal in extase raakte.
Se abalanzó sobre otro atacante sin dudarlo.
Zonder aarzelen stortte hij zich op een andere aanvaller.

En ese mismo momento, unos dientes afilados se clavaron en la garganta de Buck.
Op hetzelfde moment drongen scherpe tanden Buck's keel binnen.
Spitz había atacado desde un costado, sin previo aviso.
Spitz had vanaf de zijkant toegeslagen, zonder waarschuwing.
Perrault y François habían derrotado a los perros robando la comida.
Perrault en François hadden de honden verslagen die het eten stalen.
Ahora se apresuraron a ayudar a sus perros a luchar contra los atacantes.
Nu snelden ze toe om hun honden te helpen de aanvallers te verslaan.
Los perros hambrientos se retiraron mientras los hombres blandían sus garrotes.
De uitgehongerde honden trokken zich terug terwijl de mannen met hun knuppels zwaaiden.
Buck se liberó del ataque, pero el escape fue breve.
Buck ontsnapte aan de aanval, maar de ontsnapping was van korte duur.
Los hombres corrieron a salvar a sus perros, y los huskies volvieron a atacarlos.
De mannen renden om hun honden te redden, en de husky's zwermden opnieuw.
Billee, aterrorizado y valiente, saltó hacia la jauría de perros.
Billee, door angst in het nauw gedreven, sprong in de roedel honden.
Pero luego huyó a través del hielo, presa del terror y el pánico.
Maar toen vluchtte hij over het ijs, in pure angst en paniek.
Pike y Dub los siguieron de cerca, corriendo para salvar sus vidas.
Pike en Dub volgden hen op de voet, rennend voor hun leven.
El resto del equipo se separó y se dispersó, siguiéndolos.
De rest van het team verspreidde zich en ging hen achterna.

Buck reunió sus fuerzas para correr, pero entonces vio un destello.
Buck verzamelde al zijn kracht om te rennen, maar toen zag hij een flits.
Spitz se abalanzó sobre el costado de Buck, intentando derribarlo al suelo.
Spitz sprong naar Buck toe en probeerde hem op de grond te slaan.
Bajo esa turba de perros esquimales, Buck no habría tenido escapatoria.
Buck had geen ontsnappingsmogelijkheid onder die horde husky's.
Pero Buck se mantuvo firme y se preparó para el golpe de Spitz.
Maar Buck bleef standvastig en bereidde zich voor op de klap van Spitz.
Luego se dio la vuelta y salió corriendo al hielo con el equipo que huía.
Toen draaide hij zich om en rende met het vluchtende team het ijs op.

Más tarde, los nueve perros de trineo se reunieron al abrigo del bosque.
Later verzamelden de negen sledehonden zich in de beschutting van het bos.
Ya nadie los perseguía, pero estaban maltratados y heridos.
Niemand achtervolgde hen meer, maar ze raakten mishandeld en gewond.
Cada perro tenía heridas: cuatro o cinco cortes profundos en cada cuerpo.
Elke hond had wonden; vier of vijf diepe snijwonden op elk lichaam.
Dub tenía una pata trasera herida y ahora le costaba caminar.
Dub had een geblesseerde achterpoot en had moeite met lopen.
Dolly, la perrita más nueva de Dyea, tenía la garganta cortada.

Dolly, de nieuwste hond uit Dyea, had een doorgesneden keel.
Joe había perdido un ojo y la oreja de Billee estaba cortada en pedazos.
Joe had een oog verloren en Billee's oor was in stukken gesneden
Todos los perros lloraron de dolor y derrota durante toda la noche.
Alle honden schreeuwden de hele nacht van de pijn en verslagenheid.
Al amanecer regresaron al campamento doloridos y destrozados.
Bij zonsopgang slopen ze terug naar het kamp, gehavend en gebroken.
Los perros esquimales habían desaparecido, pero el daño ya estaba hecho.
De husky's waren verdwenen, maar de schade was al aangericht.
Perrault y François estaban de mal humor ante las ruinas.
Perrault en François stonden in boze bui boven de ruïne.
La mitad de la comida había desaparecido, robada por los ladrones hambrientos.
De helft van het eten was verdwenen, meegenomen door hongerige dieven.
Los perros esquimales habían destrozado las ataduras y la lona del trineo.
De husky's hadden de bindingen van de slee en het canvas gescheurd.
Todo lo que tenía olor a comida había sido devorado por completo.
Alles wat ook maar enigszins naar eten rook, was volledig opgegeten.
Se comieron un par de botas de viaje de piel de alce de Perrault.
Ze aten een paar elandenleren reislaarzen van Perrault op.
Masticaban correas de cuero y arruinaban las correas hasta dejarlas inservibles.
Ze kauwden op leren riemen en maakten deze onbruikbaar.

François dejó de mirar el látigo roto para revisar a los perros.
François stopte met staren naar de gescheurde zweep om naar de honden te kijken.
—Ah, amigos míos —dijo en voz baja y llena de preocupación.
"Ah, mijn vrienden," zei hij met een lage, bezorgde stem.
"Tal vez todas estas mordeduras os conviertan en bestias locas."
"Misschien veranderen al die beten jullie wel in gekke beesten."
—¡Quizás todos sean perros rabiosos, sacredam! ¿Qué opinas, Perrault?
"Misschien allemaal dolle honden, sjeik! Wat denk jij, Perrault?"
Perrault meneó la cabeza; sus ojos estaban oscuros por la preocupación y el miedo.
Perrault schudde zijn hoofd, zijn ogen waren donker van bezorgdheid en angst.
Todavía había cuatrocientas millas entre ellos y Dawson.
Tussen hen en Dawson lagen nog vierhonderd mijl.
La locura canina ahora podría destruir cualquier posibilidad de supervivencia.
Hondengekte zou nu iedere kans op overleving kunnen vernietigen.
Pasaron dos horas maldiciendo y tratando de arreglar el engranaje.
Ze hebben twee uur lang gevloekt en geprobeerd de apparatuur te repareren.
El equipo herido finalmente abandonó el campamento, destrozado y derrotado.
Het gewonde team verliet uiteindelijk het kamp, gebroken en verslagen.
Éste fue el camino más difícil hasta ahora y cada paso era doloroso.
Dit was het moeilijkste pad tot nu toe en elke stap was pijnlijk.
El río Treinta Millas no se había congelado y su caudal corría con fuerza.

De Thirty Mile River was niet bevroren en stroomde wild.
Sólo en los lugares tranquilos y en los remolinos el hielo logró retenerse.
Alleen op rustige plekken en in draaiende wervelingen kon het ijs standhouden.
Pasaron seis días de duro trabajo hasta recorrer las treinta millas.
Er volgden zes dagen van zware arbeid voordat de dertig mijl waren afgelegd.
Cada kilómetro del camino traía consigo peligro y amenaza de muerte.
Elke kilometer van het pad bracht gevaar en de dreiging van de dood met zich mee.
Los hombres y los perros arriesgaban sus vidas con cada doloroso paso.
Met elke pijnlijke stap riskeerden de mannen en honden hun leven.
Perrault rompió delgados puentes de hielo una docena de veces diferentes.
Perrault brak een tiental keer door dunne ijsbruggen heen.
Llevó un palo y lo dejó caer sobre el agujero que había hecho su cuerpo.
Hij pakte een stok en liet deze in het gat vallen dat zijn eigen lichaam had gemaakt.
Más de una vez ese palo salvó a Perrault de ahogarse.
Die paal heeft Perrault meer dan eens van de verdrinkingsdood gered.
La ola de frío se mantuvo firme y el aire estaba a cincuenta grados bajo cero.
Het was koud en de luchttemperatuur was vijftig graden onder nul.
Cada vez que se caía, Perrault tenía que encender un fuego para sobrevivir.
Iedere keer dat hij in het water viel, moest Perrault een vuur aansteken om te overleven.
La ropa mojada se congelaba rápidamente, por lo que la secaba cerca del calor abrasador.

Natte kleding bevroor snel, dus hij droogde ze in de brandende hitte.

Ningún miedo afectó jamás a Perrault, y eso lo convirtió en mensajero.

Perrault was nooit bang en dat maakte hem tot een koerier.

Fue elegido para el peligro y lo afrontó con tranquila resolución.

Hij was uitgekozen voor het gevaar, en hij ging het tegemoet met stille vastberadenheid.

Avanzó contra el viento, con el rostro arrugado y congelado.

Hij drong vooruit, de wind tegemoet, zijn gerimpelde gezicht bevroren.

Desde el amanecer hasta el anochecer, Perrault los condujo hacia adelante.

Vanaf het begin van de ochtend tot het begin van de avond leidde Perrault hen verder.

Caminó sobre un estrecho borde de hielo que se agrietaba con cada paso.

Hij liep over een smalle ijsrand, die bij iedere stap kraakte.

No se atrevieron a detenerse: cada pausa suponía el riesgo de un colapso mortal.

Ze durfden niet te stoppen. Elke pauze betekende het risico op een dodelijke ineenstorting.

Una vez, el trineo se abrió paso y arrastró a Dave y Buck.

Op een gegeven moment brak de slee door en werden Dave en Buck meegesleurd.

Cuando los liberaron, ambos estaban casi congelados.

Toen ze losgetrokken werden, waren ze allebei bijna bevroren.

Los hombres hicieron un fuego rápidamente para mantener con vida a Buck y Dave.

De mannen maakten snel een vuur om Buck en Dave in leven te houden.

Los perros estaban cubiertos de hielo desde la nariz hasta la cola, rígidos como madera tallada.

De honden waren van neus tot staart bedekt met ijs, stijf als gesneden hout.

Los hombres los hicieron correr en círculos cerca del fuego para descongelar sus cuerpos.
De mannen lieten de lichamen in cirkels rond het vuur lopen om ze te ontdooien.
Se acercaron tanto a las llamas que su pelaje se quemó.
Ze kwamen zo dicht bij de vlammen dat hun vacht verschroeid raakte.
Luego Spitz rompió el hielo y arrastró al equipo detrás de él.
Spitz brak vervolgens door het ijs en sleepte het team achter zich mee.
La ruptura llegó hasta donde Buck estaba tirando.
De breuk reikte helemaal tot aan het punt waar Buck aan het trekken was.
Buck se reclinó con fuerza hacia atrás, sus patas resbalaron y temblaron en el borde.
Buck leunde achterover, zijn poten gleden weg en trilden op de rand.
Dave también se esforzó hacia atrás, justo detrás de Buck en la línea.
Dave boog ook naar achteren, vlak achter Buck op de lijn.
François tiró del trineo; sus músculos crujían por el esfuerzo.
François trok de slee omhoog en zijn spieren kraakten van de inspanning.
En otra ocasión, el borde del hielo se agrietó delante y detrás del trineo.
Een andere keer brak het ijs op de rand vóór en achter de slee.
No tenían otra salida que escalar una pared del acantilado congelado.
Er was geen andere uitweg dan een bevroren rotswand te beklimmen.
De alguna manera Perrault logró escalar el muro; un milagro lo mantuvo con vida.
Op de een of andere manier wist Perrault de muur te beklimmen; door een wonder bleef hij in leven.
François se quedó abajo, rezando por tener la misma suerte.
François bleef beneden en bad voor hetzelfde geluk.

Ataron todas las correas, amarres y tirantes hasta formar una cuerda larga.
Ze maakten van alle riemen, sjorringen en sporen één lang touw.
Los hombres subieron cada perro, uno a uno, hasta la cima.
De mannen tilden de honden één voor één naar boven.
François subió el último, después del trineo y toda la carga.
François klom als laatste, na de slee en de hele lading.
Entonces comenzó una larga búsqueda de un camino para bajar de los acantilados.
Toen begon een lange zoektocht naar een pad dat vanaf de kliffen naar beneden leidde.
Finalmente descendieron usando la misma cuerda que habían hecho.
Uiteindelijk daalden ze af met hetzelfde touw dat ze zelf hadden gemaakt.
La noche cayó cuando regresaron al lecho del río, exhaustos y doloridos.
Het werd donker toen ze uitgeput en pijnlijk terugliepen naar de rivierbedding.
El día completo les había proporcionado sólo un cuarto de milla de ganancia.
Ze hadden een hele dag nodig gehad om slechts een kwart mijl af te leggen.
Cuando llegaron a Hootalinqua, Buck estaba agotado.
Tegen de tijd dat ze Hootalinqua bereikten, was Buck uitgeput.
Los demás perros sufrieron igual de mal las condiciones del sendero.
Ook de andere honden hadden last van de omstandigheden op het pad.
Pero Perrault necesitaba recuperar tiempo y los presionaba cada día.
Maar Perrault moest tijd inhalen en zette hen elke dag weer op scherp.
El primer día viajaron treinta millas hasta Big Salmon.
De eerste dag reisden ze vijftig kilometer naar Big Salmon.

Al día siguiente viajaron treinta y cinco millas hasta Little Salmon.
De volgende dag reisden ze 56 kilometer naar Little Salmon.
Al tercer día avanzaron a través de cuarenta largas y heladas millas.
Op de derde dag trokken ze door veertig lang bevroren mijlen.
Para entonces, se estaban acercando al asentamiento de Five Fingers.
Tegen die tijd naderden ze de nederzetting Five Fingers.

Los pies de Buck eran más suaves que los duros pies de los huskies nativos.
De voeten van Buck waren zachter dan de harde voeten van inheemse husky's.
Sus patas se habían vuelto tiernas a lo largo de muchas generaciones civilizadas.
Zijn poten waren in de loop van vele beschaafde generaties gevoelig geworden.
Hace mucho tiempo, sus antepasados habían sido domesticados por hombres del río o cazadores.
Lang geleden werden zijn voorouders getemd door rivierbewoners of jagers.
Todos los días Buck cojeaba de dolor, caminando sobre sus patas doloridas y en carne viva.
Buck liep elke dag mank van de pijn en liep op pijnlijke, schrale poten.
En el campamento, Buck cayó como un cuerpo sin vida sobre la nieve.
In het kamp viel Buck als een levenloos lichaam neer in de sneeuw.
Aunque estaba hambriento, Buck no se levantó a comer su cena.
Hoewel Buck uitgehongerd was, stond hij niet op om zijn avondmaaltijd te eten.
François le trajo a Buck su ración, poniendo pescado junto a su hocico.

François bracht Buck zijn rantsoen en legde de vis naast zijn snuit neer.

Cada noche, el conductor frotaba los pies de Buck durante media hora.

Elke avond masseerde de chauffeur Bucks voeten een half uur lang.

François incluso cortó sus propios mocasines para hacer calzado para perros.

François sneed zelfs zijn eigen mocassins in stukken om er hondenschoenen van te maken.

Cuatro zapatos cálidos le dieron a Buck un gran y bienvenido alivio.

Vier warme schoenen waren een welkome verlichting voor Buck.

Una mañana, François olvidó los zapatos y Buck se negó a levantarse.

Op een ochtend vergat François zijn schoenen en Buck weigerde op te staan.

Buck yacía de espaldas, con los pies en el aire, agitándolos lastimeramente.

Buck lag op zijn rug, met zijn voeten in de lucht, en zwaaide er zielig mee.

Incluso Perrault sonrió al ver la dramática súplica de Buck.

Zelfs Perrault grijnsde bij het zien van Bucks dramatische pleidooi.

Pronto los pies de Buck se endurecieron y los zapatos pudieron desecharse.

Al snel werden Bucks voeten hard en konden de schoenen worden weggegooid.

En Pelly, durante el periodo de uso del arnés, Dolly emitió un aullido terrible.

Toen Pelly werd opgeschrikt door het inspannen van de tuigage, liet Dolly een vreselijk gehuil horen.

El grito fue largo y lleno de locura, sacudiendo a todos los perros.

Het gehuil was lang en vol waanzin, en het deed alle honden schudden.

Cada perro se erizaba de miedo sin saber el motivo.
Elke hond was bang, maar wist niet waarom.
Dolly se volvió loca y se arrojó directamente hacia Buck.
Dolly was gek geworden en had zich recht op Buck gestort.
Buck nunca había visto la locura, pero el horror llenó su corazón.
Buck had nog nooit waanzin gezien, maar zijn hart werd vervuld van afschuw.
Sin pensarlo, se dio la vuelta y huyó presa del pánico absoluto.
Hij draaide zich om en vluchtte in totale paniek.
Dolly lo persiguió con los ojos desorbitados y la saliva saliendo de sus mandíbulas.
Dolly rende achter hem aan, haar ogen wild en het speeksel spatte uit haar kaken.
Ella se mantuvo justo detrás de Buck, sin ganar terreno ni quedarse atrás.
Ze bleef vlak achter Buck, zonder afstand te nemen of terug te vallen.
Buck corrió a través del bosque, bajó por la isla y cruzó el hielo irregular.
Buck rende door het bos, over het eiland en over het grillige ijs.
Cruzó hacia una isla, luego hacia otra, dando la vuelta nuevamente hasta el río.
Hij stak over naar een eiland, toen naar een ander, en voer vervolgens weer terug naar de rivier.
Aún así Dolly lo persiguió, con su gruñido detrás de cada paso.
Dolly bleef hem achtervolgen, met bij iedere stap haar gegrom op de voet gevolgd.
Buck podía oír su respiración y su rabia, aunque no se atrevía a mirar atrás.
Buck kon haar ademhaling en woede horen, maar hij durfde niet om te kijken.
François gritó desde lejos y Buck se giró hacia la voz.
François riep van verre en Buck draaide zich naar de stem toe.

Todavía jadeando en busca de aire, Buck pasó corriendo, poniendo toda su esperanza en François.
Buck, die nog steeds naar adem snakte, rende voorbij en stelde al zijn hoop op François.
El conductor del perro levantó un hacha y esperó mientras Buck pasaba volando.
De hondendrijver hief een bijl en wachtte terwijl Buck voorbij vloog.
El hacha cayó rápidamente y golpeó la cabeza de Dolly con una fuerza mortal.
De bijl kwam snel neer en raakte Dolly's hoofd met dodelijke kracht.
Buck se desplomó cerca del trineo, jadeando e incapaz de moverse.
Buck zakte bij de slee in elkaar, hijgend en niet in staat om te bewegen.
Ese momento le dio a Spitz la oportunidad de golpear a un enemigo exhausto.
Dat moment gaf Spitz de kans om een uitgeputte tegenstander aan te vallen.
Mordió a Buck dos veces, desgarrando la carne hasta el hueso blanco.
Hij beet Buck twee keer en scheurde zijn vlees tot op het witte bot open.
El látigo de François hizo chasquear el látigo y golpeó a Spitz con toda su fuerza y furia.
De zweep van François knalde en raakte Spitz met volle kracht.
Buck observó con alegría cómo Spitz recibía la paliza más dura que había recibido hasta entonces.
Buck keek met vreugde toe hoe Spitz zijn zwaarste pak slaag tot nu toe kreeg.
"Es un demonio ese Spitz", murmuró Perrault para sí mismo.
"Hij is een duivel, die Spitz," mompelde Perrault duister in zichzelf.
"Algún día, ese maldito perro matará a Buck, lo juro".

"Binnenkort zal die vervloekte hond Buck vermoorden, ik zweer het."

—**Ese Buck tiene dos demonios dentro** —respondió François asintiendo.

"Die Buck heeft twee duivels in zich," antwoordde François knikkend.

"Cuando veo a Buck, sé que algo feroz le aguarda dentro".

"Als ik naar Buck kijk, weet ik dat er iets fels in hem schuilt."

"Un día se pondrá furioso y destrozará a Spitz".

"Op een dag zal hij woedend worden en Spitz aan stukken scheuren."

"Masticará a ese perro y lo escupirá en la nieve congelada".

"Hij zal die hond kapotbijten en hem op de bevroren sneeuw uitspugen."

"Estoy seguro de que lo sé en lo más profundo de mi ser".

"Ik weet dit zeker, diep in mijn botten."

A partir de ese momento los dos perros quedaron en guerra.

Vanaf dat moment waren de twee honden met elkaar in oorlog.

Spitz lideró al equipo y mantuvo el poder, pero Buck lo desafió.

Spitz leidde het team en had de macht, maar Buck ondermijnde die positie.

Spitz vio su rango amenazado por este extraño extraño de Southland.

Spitz zag zijn rang bedreigd door deze vreemde vreemdeling uit Zuidland.

Buck no se parecía a ningún otro perro sureño que Spitz hubiera conocido antes.

Buck was anders dan alle zuidelijke honden die Spitz ooit gekend had.

La mayoría de ellos fracasaron: eran demasiado débiles para sobrevivir al frío y al hambre.

De meesten van hen faalden. Ze waren te zwak om de kou en honger te overleven.

Murieron rápidamente bajo el trabajo, las heladas y el lento ardor del hambre.

Ze stierven een snelle dood door de zware arbeid, de vorst en de langzame hongersnood.

Buck se destacó: cada día más fuerte, más inteligente y más salvaje.

Buck stond apart: elke dag sterker, slimmer en wilder.

Prosperó a pesar de las dificultades y creció hasta alcanzar el nivel de los perros esquimales del norte.

Hij gedijde in moeilijke tijden en groeide op tot een hond die net zo groot werd als de noordelijke husky's.

Buck tenía fuerza, habilidad salvaje y un instinto paciente y mortal.

Buck had kracht, enorme vaardigheden en een geduldig, dodelijk instinct.

El hombre con el garrote había golpeado la temeridad de Buck.

De man met de knuppel had Buck overmoedig gemaakt.

La furia ciega desapareció y fue reemplazada por una astucia silenciosa y control.

De blinde woede was verdwenen en vervangen door stille sluwheid en beheersing.

Esperó, tranquilo y primario, observando el momento adecuado.

Hij wachtte, kalm en oorspronkelijk, wachtend op het juiste moment.

Su lucha por el mando se hizo inevitable y clara.

Hun strijd om de macht werd onvermijdelijk en duidelijk.

Buck deseaba el liderazgo porque su espíritu lo exigía.

Buck verlangde naar leiderschap omdat zijn geest dat van hem vroeg.

Lo impulsaba el extraño orgullo nacido del camino y del arnés.

Hij werd voortgedreven door de vreemde trots die voortkwam uit het spoor en het tuig.

Ese orgullo hizo que los perros tiraran hasta caer sobre la nieve.

Die trots zorgde ervoor dat honden door de sneeuw trokken tot ze erbij neervielen.

El orgullo los llevó a dar toda la fuerza que tenían.
Hoogmoed verleidde hen om al hun kracht te geven.
El orgullo puede atraer a un perro de trineo incluso hasta el punto de la muerte.
Trots kan een sledehond zelfs tot de dood lokken.
La pérdida del arnés dejó a los perros rotos y sin propósito.
Het verlies van het tuig zorgde ervoor dat de honden gebroken en doelloos achterbleven.
El corazón de un perro de trineo puede quedar aplastado por la vergüenza cuando se retira.
Het hart van een sledehond kan gebroken worden door schaamte als hij met pensioen gaat.
Dave vivió con ese orgullo mientras arrastraba el trineo desde atrás.
Dave leefde vanuit die trots terwijl hij de slee achter zich aan trok.
Solleks también lo dio todo con fuerza y lealtad.
Ook Solleks gaf met grimmige kracht en loyaliteit alles wat hij had.
Cada mañana, el orgullo los transformaba de amargados a decididos.
Elke ochtend veranderde trots hun humeur van bitter in vastberaden.
Empujaron todo el día y luego se quedaron en silencio al final del campamento.
Ze hebben de hele dag doorgezet en aan het einde van het kamp werd het stil.
Ese orgullo le dio a Spitz la fuerza para poner a raya a los evasores.
Die trots gaf Spitz de kracht om degenen die zich niet aan de regels hielden, tot het uiterste te drijven.
Spitz temía a Buck porque Buck tenía ese mismo orgullo profundo.
Spitz was bang voor Buck omdat Buck dezelfde diepe trots met zich meedroeg.
El orgullo de Buck ahora se agitó contra Spitz, y no se detuvo.

Bucks trots keerde zich tegen Spitz en hij gaf niet op.
Buck desafió el poder de Spitz y le impidió castigar a los perros.
Buck trotseerde Spitz' macht en voorkwam dat hij honden strafte.
Cuando otros fallaron, Buck se interpuso entre ellos y su líder.
Toen anderen faalden, stond Buck tussen hen en hun leider.
Lo hizo con intención, dejando claro y abierto su desafío.
Hij deed dit met opzet en maakte zijn uitdaging open en duidelijk.
Una noche, una fuerte nevada cubrió el mundo con un profundo silencio.
Op een nacht viel er een dikke laag sneeuw, waardoor de wereld in diepe stilte werd bedekt.
A la mañana siguiente, Pike, perezoso como siempre, no se levantó para ir a trabajar.
De volgende morgen stond Pike, lui als altijd, niet op om te gaan werken.
Se quedó escondido en su nido bajo una gruesa capa de nieve.
Hij bleef verborgen in zijn nest onder een dikke laag sneeuw.
François gritó y buscó, pero no pudo encontrar al perro.
François riep en zocht, maar kon de hond niet vinden.
Spitz se puso furioso y atravesó furioso el campamento cubierto de nieve.
Spitz werd woedend en stormde door het met sneeuw bedekte kamp.
Gruñó y olfateó, cavando frenéticamente con ojos llameantes.
Hij gromde en snoof, terwijl hij als een gek groef en met vlammende ogen keek.
Su rabia era tan feroz que Pike tembló de miedo bajo la nieve.
Zijn woede was zo hevig dat Pike van angst onder de sneeuw beefde.

Cuando finalmente encontraron a Pike, Spitz se abalanzó sobre él para castigar al perro que estaba escondido.
Toen Pike eindelijk gevonden werd, sprong Spitz naar voren om de verstopte hond te straffen.

Pero Buck saltó entre ellos con una furia igual a la de Spitz.
Maar Buck sprong tussen hen in, met een woede die even groot was als die van Spitz.

El ataque fue tan repentino e inteligente que Spitz cayó al suelo.
De aanval was zo plotseling en slim dat Spitz van zijn voeten viel.

Pike, que estaba temblando, se animó ante este desafío.
Pike, die al een tijdje aan het trillen was, putte moed uit deze uitdaging.

Saltó sobre el Spitz caído, siguiendo el audaz ejemplo de Buck.
Hij sprong op de gevallen Spitz en volgde het stoutmoedige voorbeeld van Buck.

Buck, que ya no estaba obligado por la justicia, se unió a la huelga de Spitz.
Buck, die zich niet langer aan de regels van eerlijkheid hield, sloot zich aan bij de staking op Spitz.

François, divertido pero firme en su disciplina, blandió su pesado látigo.
François, geamuseerd maar vastberaden in discipline, zwaaide met zijn zware zweep.

Golpeó a Buck con todas sus fuerzas para acabar con la pelea.
Hij sloeg Buck met al zijn kracht om het gevecht te beëindigen.

Buck se negó a moverse y se quedó encima del líder caído.
Buck weigerde te bewegen en bleef bovenop de gevallen leider zitten.

François entonces utilizó el mango del látigo y golpeó con fuerza a Buck.
Vervolgens sloeg François Buck hard met het handvat van de zweep.

Tambaleándose por el golpe, Buck cayó hacia atrás bajo el asalto.
Buck wankelde door de klap en deinsde terug onder de aanval.
François golpeó una y otra vez mientras Spitz castigaba a Pike.
François sloeg keer op keer terwijl Spitz Pike strafte.

Pasaron los días y Dawson City estaba cada vez más cerca.
De dagen verstreken en Dawson City kwam steeds dichterbij.
Buck seguía interfiriendo, interponiéndose entre Spitz y otros perros.
Buck bleef zich ermee bemoeien en glipte tussen Spitz en de andere honden.
Elegía bien sus momentos, esperando siempre que François se marchase.
Hij koos zijn momenten goed en wachtte altijd tot François weg was.
La rebelión silenciosa de Buck se extendió y el desorden se arraigó en el equipo.
Bucks stille opstandigheid verspreidde zich en er ontstond wanorde in het team.
Dave y Solleks se mantuvieron leales, pero otros se volvieron rebeldes.
Dave en Solleks bleven hen trouw, maar anderen werden onhandelbaar.
El equipo empeoró: se volvió inquieto, pendenciero y fuera de lugar.
Het team werd steeds slechter: onrustig, ruziezoekend en buitenspel staand.
Ya nada funcionaba con fluidez y las peleas se volvieron algo habitual.
Niets verliep meer soepel en er ontstonden steeds vaker gevechten.
Buck permaneció en el corazón del problema, provocando siempre malestar.

Buck bleef de oorzaak van de onrust en zorgde voortdurend voor onrust.
François se mantuvo alerta, temeroso de la pelea entre Buck y Spitz.
François bleef alert, bang voor het gevecht tussen Buck en Spitz.
Cada noche, las peleas lo despertaban, temiendo que finalmente llegara el comienzo.
Iedere nacht werd hij wakker van het gevecht, omdat hij vreesde dat het begin eindelijk daar was.
Saltó de su túnica, dispuesto a detener la pelea.
Hij sprong uit zijn gewaad, klaar om een eind te maken aan het gevecht.
Pero el momento nunca llegó y finalmente llegaron a Dawson.
Maar het moment kwam niet en uiteindelijk bereikten ze Dawson.
El equipo entró en la ciudad una tarde sombría, tensa y silenciosa.
Op een sombere middag arriveerde het team in de stad, gespannen en stil.
La gran batalla por el liderazgo todavía estaba suspendida en el aire.
De grote strijd om het leiderschap hing nog steeds in de bevroren lucht.
Dawson estaba lleno de hombres y perros de trineo, todos ocupados con el trabajo.
Dawson zat vol met mannen en sledehonden, die allemaal druk aan het werk waren.
Buck observó a los perros tirar cargas desde la mañana hasta la noche.
Buck keek van 's ochtends tot 's avonds toe hoe de honden lasten trokken.
Transportaban troncos y leña y transportaban suministros a las minas.
Ze vervoerden boomstammen en brandhout en goederen naar de mijnen.

Donde antes trabajaban los caballos en las tierras del sur, ahora trabajaban los perros.
Waar vroeger paarden in het zuiden werkten, doen nu honden hun werk.
Buck vio algunos perros del sur, pero la mayoría eran huskies parecidos a lobos.
Buck zag wel wat honden uit het zuiden, maar het waren vooral wolfachtige husky's.
Por la noche, como un reloj, los perros alzaban sus voces cantando.
's Nachts begonnen de honden als op een klok te zingen.
A las nueve, a las doce y de nuevo a las tres, empezó el canto.
Om negen uur, om middernacht en nogmaals om drie uur begon het gezang.
A Buck le encantaba unirse a su canto misterioso, de sonido salvaje y antiguo.
Buck genoot ervan om mee te zingen met hun griezelige gezang, dat wild en eeuwenoud klonk.
La aurora llameó, las estrellas bailaron y la nieve cubrió la tierra.
Het poollicht vlamde, de sterren dansten en sneeuw bedekte het land.
El canto de los perros se elevó como un grito contra el silencio y el frío intenso.
Het gezang van de honden werd een kreet tegen de stilte en de bittere kou.
Pero su aullido contenía tristeza, no desafío, en cada larga nota.
Maar in elke lange noot van hun gehuil klonk verdriet door, geen verzet.
Cada grito lamentable estaba lleno de súplica: el peso de la vida misma.
Elke klaagzang was vol smeekbeden; de last van het leven zelf.
Esa canción era vieja, más vieja que las ciudades y más vieja que los incendios.
Dat lied was oud – ouder dan steden, en ouder dan branden

Aquella canción era más antigua incluso que las voces de los hombres.
Dat lied was nog ouder dan de stemmen van mensen.
Era una canción del mundo joven, cuando todas las canciones eran tristes.
Het was een lied uit de jonge wereld, toen alle liederen droevig waren.
La canción transportaba el dolor de incontables generaciones de perros.
Het lied droeg het verdriet van talloze generaties honden uit.
Buck sintió la melodía profundamente, gimiendo por un dolor arraigado en los siglos.
Buck voelde de melodie diep en kreunde van de pijn die al eeuwenlang voelbaar was.
Sollozaba por un dolor tan antiguo como la sangre salvaje en sus venas.
Hij snikte van verdriet dat zo oud was als het wilde bloed in zijn aderen.
El frío, la oscuridad y el misterio tocaron el alma de Buck.
De kou, de duisternis en het mysterie raakten Bucks ziel.
Esa canción demostró hasta qué punto Buck había regresado a sus orígenes.
Dat lied bewees hoe ver Buck terug was gegaan naar zijn oorsprong.
Entre la nieve y los aullidos había encontrado el comienzo de su propia vida.
Door de sneeuw en het gehuil had hij het begin van zijn eigen leven gevonden.

Siete días después de llegar a Dawson, partieron nuevamente.
Zeven dagen na aankomst in Dawson vertrokken ze opnieuw.
El equipo descendió del cuartel hasta el sendero Yukon.
Het team daalde van de barakken af naar de Yukon Trail.
Comenzaron el viaje de regreso hacia Dyea y Salt Water.
Ze begonnen aan de terugreis naar Dyea en Salt Water.
Perrault llevaba despachos aún más urgentes que antes.

Perrault bezorgde berichten die nog dringender waren dan voorheen.
También se sintió dominado por el orgullo por el sendero y se propuso establecer un récord.
Ook hij raakte gegrepen door trailpride en wilde een record vestigen.
Esta vez, varias ventajas estaban del lado de Perrault.
Deze keer had Perrault een aantal voordelen.
Los perros habían descansado durante una semana entera y recuperaron su fuerza.
De honden hadden een hele week rust gehad en waren weer op krachten gekomen.
El camino que ellos habían abierto ahora estaba compactado por otros.
Het pad dat ze hadden gebaand, werd nu door anderen platgetreden.
En algunos lugares, la policía había almacenado comida tanto para perros como para hombres.
Op sommige plaatsen had de politie voedsel opgeslagen voor zowel honden als mensen.
Perrault viajaba ligero, moviéndose rápido y con poco que lo pesara.
Perrault reisde licht en snel, met weinig lasten die hem belastten.
Llegaron a Sixty-Mile, un recorrido de cincuenta millas, en la primera noche.
Ze bereikten de Sixty-Mile, een tocht van tachtig kilometer, al in de eerste nacht.
El segundo día, se apresuraron a subir por el Yukón hacia Pelly.
Op de tweede dag trokken ze snel de Yukon op richting Pelly.
Pero estos grandes avances implicaron un gran esfuerzo para François.
Maar deze mooie vooruitgang bracht voor François ook veel spanning met zich mee.
La rebelión silenciosa de Buck había destrozado la disciplina del equipo.

Bucks stille rebellie had de discipline van het team verwoest.
Ya no tiraban juntos como una sola bestia bajo las riendas.
Ze trokken niet langer als één beest aan de teugels samen.
Buck había llevado a otros al desafío mediante su valiente ejemplo.
Buck bracht anderen tot verzet door zijn moedige voorbeeld.
La orden de Spitz ya no fue recibida con miedo ni respeto.
Spitz' bevelen werden niet langer met angst of respect ontvangen.
Los demás perdieron el respeto que le tenían y se atrevieron a resistirse a su gobierno.
De anderen verloren hun ontzag voor hem en durfden zich tegen zijn heerschappij te verzetten.
Una noche, Pike robó medio pescado y se lo comió bajo la mirada de Buck.
Op een nacht stal Pike een halve vis en at die op onder Bucks oog.
Otra noche, Dub y Joe pelearon contra Spitz y quedaron impunes.
Op een andere avond vochten Dub en Joe ongestraft met Spitz.
Incluso Billee se quejó con menos dulzura y mostró una nueva agudeza.
Zelfs Billee jankte minder lief en toonde nieuwe scherpte.
Buck le gruñó a Spitz cada vez que se cruzaban.
Buck gromde naar Spitz iedere keer dat ze elkaar tegenkwamen.
La actitud de Buck se volvió audaz y amenazante, casi como la de un matón.
Bucks houding werd brutaal en dreigend, bijna als die van een pestkop.
Caminó delante de Spitz con arrogancia, lleno de amenaza burlona.
Hij liep met een zwierige blik en een dreigende blik op Spitz af.
Ese colapso del orden se extendió también entre los perros de trineo.

Die verstoring van de openbare orde had ook gevolgen voor de sledehonden.
Pelearon y discutieron más que nunca, llenando el campamento de ruido.
Ze vochten en maakten meer ruzie dan ooit tevoren, waardoor het kamp vol kabaal stond.
La vida en el campamento se convertía cada noche en un caos salvaje y aullante.
Elke avond veranderde het leven in het kamp in een wilde, huilende chaos.
Sólo Dave y Solleks permanecieron firmes y concentrados.
Alleen Dave en Solleks bleven kalm en geconcentreerd.
Pero incluso ellos se enojaron por las peleas constantes.
Maar zelfs zij werden opvliegend van de voortdurende gevechten.
François maldijo en lenguas extrañas y pisoteó con frustración.
François vloekte in vreemde talen en stampte van frustratie.
Se tiró del pelo y gritó mientras la nieve volaba bajo sus pies.
Hij trok aan zijn haar en schreeuwde, terwijl de sneeuw onder zijn voeten door vloog.
Su látigo azotó a la manada, pero apenas logró mantenerlos bajo control.
Zijn zweep sloeg over de groep, maar kon ze ternauwernood in het gareel houden.
Cada vez que él le daba la espalda, la lucha estallaba de nuevo.
Zodra hij zijn rug toekeerde, brak er weer gevochten uit.
François utilizó el látigo para azotar a Spitz, mientras Buck lideraba a los rebeldes.
François gebruikte de zweep tegen Spitz, terwijl Buck de rebellen leidde.
Cada uno conocía el papel del otro, pero Buck evitó cualquier culpa.
Ze kenden elkaars rol, maar Buck vermeed de schuld.

François nunca sorprendió a Buck iniciando una pelea o eludiendo su trabajo.
François heeft Buck nooit betrapt op het beginnen van een gevecht of het negeren van zijn werk.
Buck trabajó duro con el arnés; el trabajo ahora emocionaba su espíritu.
Buck werkte hard in het tuig; de arbeid vervulde nu zijn geest.
Pero encontró aún más alegría al provocar peleas y caos en el campamento.
Maar hij vond nog meer plezier in het veroorzaken van ruzies en chaos in het kamp.

Una noche, en la desembocadura del Tahkeena, Dub asustó a un conejo.
Op een avond schrok Dub bij de mond van de Tahkeena een konijn op.
Falló el tiro y el conejo con raquetas de nieve saltó lejos.
Hij miste de vangst en het sneeuwschoenhaasje sprong weg.
En cuestión de segundos, todo el equipo de trineo los persiguió con gritos salvajes.
Binnen enkele seconden zette het hele sleeteam de achtervolging in, met wilde kreten.
Cerca de allí, un campamento de la Policía del Noroeste albergaba cincuenta perros husky.
In de buurt huisvestte een politiekamp van het noordwesten vijftig husky's.
Se unieron a la caza y navegaron juntos por el río helado.
Ze gingen op jacht en samen stroomden ze door de bevroren rivier.
El conejo se desvió del río y huyó hacia el lecho congelado del arroyo.
Het konijn verliet de rivier en vluchtte via een bevroren kreekbedding omhoog.
El conejo saltaba suavemente sobre la nieve mientras los perros se abrían paso con dificultad.
Het konijn huppelde zachtjes over de sneeuw terwijl de honden zich erdoorheen worstelden.

Buck lideró la enorme manada de sesenta perros en cada curva.
Buck leidde de enorme roedel van zestig honden door iedere bocht.
Avanzó lentamente y con entusiasmo, pero no pudo ganar terreno.
Hij drong naar voren, laag en gretig, maar kon geen terrein winnen.
Su cuerpo brillaba bajo la pálida luna con cada poderoso salto.
Bij elke krachtige sprong flitste zijn lichaam onder de bleke maan.
Más adelante, el conejo se movía como un fantasma, silencioso y demasiado rápido para atraparlo.
Voor ons uit bewoog het konijn zich als een spook, stil en te snel om te vangen.
Todos esos viejos instintos —el hambre, la emoción— se apoderaron de Buck.
Al die oude instincten - de honger, de spanning - raasden door Buck heen.
Los humanos a veces sienten este instinto y se ven impulsados a cazar con armas de fuego y balas.
Mensen voelen soms dit instinct en willen met een geweer en kogel jagen.
Pero Buck sintió este sentimiento a un nivel más profundo y personal.
Maar Buck voelde dit gevoel op een dieper en persoonlijker niveau.
No podían sentir lo salvaje en su sangre como Buck podía sentirlo.
Zij konden de wildernis niet in hun bloed voelen zoals Buck dat kon.
Persiguió carne viva, dispuesto a matar con los dientes y saborear la sangre.
Hij jaagde op levend vlees, klaar om te doden met zijn tanden en bloed te proeven.

Su cuerpo se tensó de alegría, queriendo bañarse en la cálida vida roja.
Zijn lichaam spande zich van vreugde, hij wilde zich baden in het warme, rode leven.
Una extraña alegría marca el punto más alto que la vida puede alcanzar.
Een vreemde vreugde markeert het hoogste punt dat het leven ooit kan bereiken.
La sensación de una cima donde los vivos olvidan que están vivos.
Het gevoel van een bergtop waar de levenden vergeten dat ze leven.
Esta alegría profunda conmueve al artista perdido en una inspiración ardiente.
Deze diepe vreugde raakt de kunstenaar, verloren in vurige inspiratie.
Esta alegría se apodera del soldado que lucha salvajemente y no perdona a ningún enemigo.
Deze vreugde grijpt de soldaat aan die met een wilde strijder vecht en geen enkele vijand spaart.
Esta alegría ahora se apoderó de Buck mientras lideraba la manada con hambre primaria.
Deze vreugde maakte zich meester van Buck terwijl hij de roedel leidde in oerhonger.
Aulló con el antiguo grito del lobo, emocionado por la persecución en vida.
Hij huilde met de oeroude wolvenroep, opgewonden door de levende jacht.
Buck recurrió a la parte más antigua de sí mismo, perdida en la naturaleza.
Buck vond de weg naar het oudste deel van zichzelf, verdwaald in de wildernis.
Llegó a lo más profundo, más allá de la memoria, al tiempo crudo y antiguo.
Hij groef diep in zichzelf, voorbij de herinnering, naar de rauwe, oude tijd.
Una ola de vida pura recorrió cada músculo y tendón.

Een golf van puur leven stroomde door iedere spier en pees.
Cada salto gritaba que vivía, que avanzaba a través de la muerte.
Elke sprong maakte duidelijk dat hij leefde, dat hij door de dood heen ging.
Su cuerpo se elevaba alegremente sobre una tierra quieta y fría que nunca se movía.
Zijn lichaam zweefde vreugdevol over het stille, koude land dat nooit bewoog.
Spitz se mantuvo frío y astuto, incluso en sus momentos más salvajes.
Spitz bleef koud en sluw, zelfs in zijn wildste momenten.
Dejó el sendero y cruzó el terreno donde el arroyo se curvaba ampliamente.
Hij verliet het pad en stak het land over waar de beek een brede bocht maakte.
Buck, sin darse cuenta de esto, permaneció en el sinuoso camino del conejo.
Buck, die zich hiervan niet bewust was, bleef op het kronkelige pad van het konijn.
Entonces, cuando Buck dobló una curva, el conejo fantasmal estaba frente a él.
Toen Buck om de bocht kwam, zag hij het spookachtige konijn voor zich.
Vio una segunda figura saltar desde la orilla delante de la presa.
Hij zag een tweede figuur vanaf de oever voor de prooi uit springen.
La figura era Spitz, aterrizando justo en el camino del conejo que huía.
Het figuur was Spitz en landde precies op de weg van het vluchtende konijn.
El conejo no pudo girar y se encontró con las fauces de Spitz en el aire.
Het konijn kon zich niet omdraaien en stuitte in de lucht op de kaken van Spitz.

La columna vertebral del conejo se rompió con un chillido tan agudo como el grito de un humano moribundo.
De ruggengraat van het konijn brak met een gil die net zo hard klonk als de kreet van een stervende mens.
Ante ese sonido, la caída de la vida a la muerte, la manada aulló fuerte.
Bij dat geluid – de val van leven naar dood – begon de roedel luid te huilen.
Un coro salvaje se elevó detrás de Buck, lleno de oscuro deleite.
Achter Buck klonk een wild koor, vol duistere vreugde.
Buck no emitió ningún grito ni sonido y se lanzó directamente hacia Spitz.
Buck gaf geen kreet, maakte geen enkel geluid en stormde recht op Spitz af.
Apuntó a la garganta, pero en lugar de eso golpeó el hombro.
Hij mikte op de keel, maar raakte in plaats daarvan de schouder.
Cayeron sobre la nieve blanda; sus cuerpos trabados en combate.
Ze rolden door de zachte sneeuw, hun lichamen verwikkeld in een gevecht.
Spitz se levantó rápidamente, como si nunca lo hubieran derribado.
Spitz sprong snel overeind, alsof hij nooit was neergeslagen.
Cortó el hombro de Buck y luego saltó para alejarse de la pelea.
Hij sneed Buck in zijn schouder en sprong vervolgens weg van de strijd.
Sus dientes chasquearon dos veces como trampas de acero y sus labios se curvaron y fueron feroces.
Twee keer klappen zijn tanden als stalen vallen, zijn lippen krullen en zijn woest.
Retrocedió lentamente, buscando terreno firme bajo sus pies.
Hij deed langzaam een stap achteruit, op zoek naar vaste grond onder zijn voeten.

Buck comprendió el momento instantánea y completamente.
Buck begreep het moment meteen en volledig.
Había llegado el momento; la lucha iba a ser una lucha a muerte.
Het moment was gekomen; het zou een strijd op leven en dood worden.
Los dos perros daban vueltas, gruñendo, con las orejas planas y los ojos entrecerrados.
De twee honden cirkelden om elkaar heen, grommend, met platte oren en geknepen ogen.
Cada perro esperaba que el otro mostrara debilidad o un paso en falso.
Elke hond wachtte totdat de ander zwakte toonde of een misstap beging.
Para Buck, la escena era inquietantemente conocida y recordada profundamente.
Voor Buck voelde het tafereel vertrouwd en diep in zijn herinnering.
El bosque blanco, la tierra fría, la batalla bajo la luz de la luna.
De witte bossen, de koude aarde, de strijd in het maanlicht.
Un pesado silencio llenó la tierra, profundo y antinatural.
Een zware stilte vulde het land, diep en onnatuurlijk.
Ningún viento se agitó, ninguna hoja se movió, ningún sonido rompió la quietud.
Geen wind bewoog, geen blad bewoog, geen geluid verstoorde de stilte.
El aliento de los perros se elevaba como humo en el aire helado y silencioso.
De adem van de honden steeg op als rook in de bevroren, stille lucht.
El conejo fue olvidado hace mucho tiempo por la manada de bestias salvajes.
Het konijn was al lang vergeten door de roedel wilde dieren.
Estos lobos medio domesticados ahora permanecían quietos formando un amplio círculo.
Deze halftamme wolven stonden nu in een wijde kring stil.

Estaban en silencio, sólo sus ojos brillantes revelaban su hambre.
Ze waren stil. Alleen hun gloeiende ogen verrieden hun honger.
Su respiración se elevó mientras observaban cómo comenzaba la pelea final.
Hun adem ging omhoog terwijl ze het laatste gevecht zagen beginnen.
Para Buck, esta batalla era vieja y esperada, nada extraña.
Voor Buck was dit een oud en verwacht gevecht, helemaal niet vreemd.
Parecía el recuerdo de algo que siempre estuvo destinado a suceder.
Het voelde als een herinnering aan iets dat altijd al had moeten gebeuren.
Spitz era un perro de pelea entrenado, perfeccionado por innumerables peleas salvajes.
Spitz was een getrainde vechthond, die zijn vaardigheden had ontwikkeld door talloze wilde gevechten.
Desde Spitzbergen hasta Canadá, había vencido a muchos enemigos.
Van Spitsbergen tot Canada versloeg hij vele vijanden.
Estaba lleno de furia, pero nunca dejó controlar la rabia.
Hij was vervuld van woede, maar hij liet die woede nooit de vrije loop.
Su pasión era aguda, pero siempre templada por un duro instinto.
Zijn passie was scherp, maar werd altijd getemperd door zijn harde instinct.
Nunca atacó hasta que su propia defensa estuvo en su lugar.
Hij viel pas aan toen hij zichzelf had verdedigd.
Buck intentó una y otra vez alcanzar el vulnerable cuello de Spitz.
Buck probeerde keer op keer de kwetsbare nek van Spitz te bereiken.
Pero cada golpe era correspondido con un corte de los afilados dientes de Spitz.

Maar elke slag werd beantwoord met een snee van Spitz' scherpe tanden.
Sus colmillos chocaron y ambos perros sangraron por los labios desgarrados.
Hun hoektanden raakten elkaar en beide honden bloedden uit hun gescheurde lippen.
No importaba cuánto se lanzara Buck, no podía romper la defensa.
Hoe Buck ook probeerde te scoren, hij kon de verdediging niet doorbreken.
Se puso más furioso y se abalanzó con salvajes ráfagas de poder.
Hij werd steeds woedender en sprong met wilde krachtaanvallen op hem af.
Una y otra vez, Buck atacó la garganta blanca de Spitz.
Buck sloeg steeds weer naar de witte keel van Spitz.
Cada vez que Spitz esquivaba el ataque, contraatacaba con un mordisco cortante.
Iedere keer ontweek Spitz de aanval en sloeg terug met een snijdende beet.
Entonces Buck cambió de táctica y se abalanzó nuevamente hacia la garganta.
Toen veranderde Buck van tactiek en greep hem opnieuw bij de keel.
Pero él retrocedió a mitad del ataque y se giró para atacar desde un costado.
Maar hij trok zich tijdens de aanval terug en draaide zich om om vanaf de zijkant aan te vallen.
Le lanzó el hombro a Spitz con la intención de derribarlo.
Hij sloeg zijn schouder tegen Spitz aan in de hoop hem omver te werpen.
Cada vez que lo intentaba, Spitz lo esquivaba y contraatacaba con un corte.
Elke keer dat hij het probeerde, ontweek Spitz de aanval en counterde met een slag.
El hombro de Buck se enrojeció cuando Spitz saltó después de cada golpe.

Bucks schouder werd pijnlijk omdat Spitz na elke klap wegsprong.

Spitz no había sido tocado, mientras que Buck sangraba por muchas heridas.

Spitz was niet aangeraakt, terwijl Buck uit vele wonden bloedde.

La respiración de Buck era rápida y pesada y su cuerpo estaba cubierto de sangre.

Buck haalde snel en zwaar adem. Zijn lichaam was nat van het bloed.

La pelea se volvió más brutal con cada mordisco y embestida.

Het gevecht werd met iedere beet en aanval brutaler.

A su alrededor, sesenta perros silenciosos esperaban que cayera el primero.

Om hen heen stonden zestig stille honden te wachten tot de eerste zou vallen.

Si un perro caía, la manada terminaría la pelea.

Als één hond zou vallen, zou de roedel het gevecht beëindigen.

Spitz vio que Buck se estaba debilitando y comenzó a presionar para atacar.

Spitz zag dat Buck zwakker werd en zette de aanval in.

Mantuvo a Buck fuera de equilibrio, obligándolo a luchar para mantener el equilibrio.

Hij hield Buck uit evenwicht en dwong hem om zijn evenwicht te bewaren.

Una vez Buck tropezó y cayó, y todos los perros se levantaron.

Op een keer struikelde Buck en viel, en alle honden stonden op.

Pero Buck se enderezó a mitad de la caída y todos volvieron a caer.

Maar Buck krabbelde halverwege zijn val weer overeind, en iedereen zakte weer in elkaar.

Buck tenía algo poco común: una imaginación nacida de un instinto profundo.

Buck had iets zeldzaams: verbeeldingskracht die voortkwam uit een diep instinct.
Peleó con impulso natural, pero también peleó con astucia.
Hij vocht uit natuurlijke drang, maar hij vocht ook met sluwheid.
Cargó de nuevo como si repitiera su truco de ataque con el hombro.
Hij stormde opnieuw af, alsof hij zijn schouderaanvalstruc herhaalde.
Pero en el último segundo, se agachó y pasó por debajo de Spitz.
Maar op het laatste moment dook hij laag en vloog onder Spitz door.
Sus dientes se clavaron en la pata delantera izquierda de Spitz con un chasquido.
Zijn tanden klikten vast op Spitz' linker voorpoot.
Spitz ahora estaba inestable, con su peso sobre sólo tres patas.
Spitz stond nu wankel, zijn gewicht rustte op slechts drie poten.
Buck atacó de nuevo e intentó derribarlo tres veces.
Buck sloeg opnieuw toe en probeerde hem drie keer omver te werpen.
En el cuarto intento utilizó el mismo movimiento con éxito.
Bij de vierde poging gebruikte hij dezelfde beweging met succes
Esta vez Buck logró morder la pata derecha de Spitz.
Deze keer lukte het Buck om Spitz in zijn rechterpoot te bijten.
Spitz, aunque lisiado y en agonía, siguió luchando por sobrevivir.
Spitz bleef vechten om te overleven, ook al was hij verlamd en leed hij veel pijn.
Vio que el círculo de huskies se estrechaba, con las lenguas afuera y los ojos brillantes.
Hij zag de kring van husky's kleiner worden, met hun tong uit hun bek en hun ogen stralend.

Esperaron para devorarlo, tal como habían hecho con los otros.
Ze wachtten erop hem te verslinden, net zoals ze bij anderen hadden gedaan.
Esta vez, él estaba en el centro; derrotado y condenado.
Deze keer stond hij in het midden; verslagen en gedoemd.
Ya no había opción de escapar para el perro blanco.
Voor de witte hond was er nu geen ontsnappingsmogelijkheid meer.
Buck no mostró piedad, porque la piedad no pertenecía a la naturaleza.
Buck toonde geen genade, want genade hoort niet thuis in de wildernis.
Buck se movió con cuidado, preparándose para la carga final.
Buck bewoog zich voorzichtig en maakte zich klaar voor de laatste aanval.
El círculo de perros esquimales se cerró; sintió sus respiraciones cálidas.
De kring van husky's sloot zich; hij voelde hun warme adem.
Se agacharon, preparados para saltar cuando llegara el momento.
Ze hurkten diep, klaar om te springen zodra het moment daar was.
Spitz temblaba en la nieve, gruñendo y cambiando su postura.
Spitz trilde in de sneeuw, gromde en veranderde van houding.
Sus ojos brillaban, sus labios se curvaron y sus dientes brillaron en una amenaza desesperada.
Zijn ogen stonden fel, zijn lippen waren opgetrokken en zijn tanden stonden oog in oog met de dreiging van de dag.
Se tambaleó, todavía intentando contener el frío mordisco de la muerte.
Hij wankelde en probeerde nog steeds de koude, dodelijke beet van zich af te houden.

Ya había visto esto antes, pero siempre desde el lado ganador.
Hij had dit al eerder gezien, maar altijd van de winnende kant.
Ahora estaba en el bando perdedor; el derrotado; la presa; la muerte.
Nu was hij aan de verliezende kant; de verslagene; de prooi; de dood.
Buck voló en círculos para asestar el golpe final, mientras el círculo de perros se acercaba cada vez más.
Buck draaide zich om voor de laatste slag, terwijl de kring honden steeds dichterbij kwam.
Podía sentir sus respiraciones calientes; listas para matar.
Hij kon hun hete ademhaling voelen; klaar om te doden.
Se hizo un silencio absoluto, todo estaba en su lugar, el tiempo se había detenido.
Er ontstond een stilte; alles viel op zijn plaats; de tijd stond stil.
Incluso el aire frío entre ellos se congeló por un último momento.
Zelfs de koude lucht tussen hen bevroor voor een laatste moment.
Sólo Spitz se movió, intentando contener su amargo final.
Alleen Spitz bewoog en probeerde zijn bittere einde te bedwingen.
El círculo de perros se iba cerrando a su alrededor, tal como era su destino.
De kring van honden sloot zich om hem heen, en dat was zijn lot.
Ahora estaba desesperado, sabiendo lo que estaba a punto de suceder.
Hij was nu wanhopig, want hij wist wat er ging gebeuren.
Buck saltó y hombro con hombro chocó una última vez.
Buck sprong naar voren en raakte elkaars schouders nog een keer.
Los perros se lanzaron hacia adelante, cubriendo a Spitz en la oscuridad nevada.
De honden stormden naar voren en beschermden Spitz in de duisternis van de sneeuw.

Buck observaba, erguido, vencedor en un mundo salvaje.
Buck keek toe en stond rechtop; de overwinnaar in een barre wereld.
La bestia primordial dominante había cometido su asesinato, y fue bueno.
Het dominante oerbeest had zijn prooi gevangen, en het was goed.

Aquel que ha alcanzado la maestría
Hij die het meesterschap heeft gewonnen

¿Eh? ¿Qué dije? Digo la verdad cuando digo que Buck es un demonio.
"Eh? Wat zei ik? Ik spreek de waarheid als ik zeg dat Buck een duivel is."
François dijo esto a la mañana siguiente después de descubrir que Spitz había desaparecido.
François zei dit de volgende ochtend nadat hij Spitz vermist had aangetroffen.
Buck permaneció allí, cubierto de heridas por la feroz pelea.
Buck stond daar, bedekt met wonden van het hevige gevecht.
François acercó a Buck al fuego y señaló las heridas.
François trok Buck naar het vuur en wees naar de verwondingen.
"Ese Spitz peleó como Devik", dijo Perrault, mirando los profundos cortes.
"Die Spitz vocht als een Devik," zei Perrault, terwijl hij naar de diepe wonden keek.
—Y ese Buck peleó como dos demonios —respondió François inmediatamente.
"En die Buck heeft gevochten als twee duivels," antwoordde François onmiddellijk.
"Ahora iremos a buen ritmo; no más Spitz, no más problemas".
"Nu gaan we het goedmaken; geen Spitz meer, geen problemen meer."
Perrault estaba empacando el equipo y cargando el trineo con cuidado.
Perrault was bezig met het inpakken van de spullen en het zorgvuldig beladen van de slee.
François enjaezó a los perros para prepararlos para la carrera del día.
François tuigde de honden in ter voorbereiding op de hardloopwedstrijd van die dag.

Buck trotó directamente a la posición de liderazgo que alguna vez ocupó Spitz.
Buck draafde rechtstreeks naar de koppositie die ooit door Spitz werd bekleed.
Pero François, sin darse cuenta, condujo a Solleks hacia el frente.
Maar François merkte het niet en leidde Solleks naar voren.
A juicio de François, Solleks era ahora el mejor perro guía.
Volgens François was Solleks nu de beste leider.
Buck se abalanzó furioso sobre Solleks y lo hizo retroceder en protesta.
Buck sprong woedend op Solleks af en dwong hem uit protest terug.
Se situó en el mismo lugar que una vez estuvo Spitz, ocupando la posición de liderazgo.
Hij stond waar Spitz ooit had gestaan en eiste de leidende positie op.
—¿Eh? ¿Eh? —gritó François, dándose palmadas en los muslos, divertido.
"Eh? Eh?" riep François, terwijl hij zich vermaakt op zijn dijen sloeg.
—Mira a Buck. Mató a Spitz y ahora quiere aceptar el trabajo.
"Kijk naar Buck, hij heeft Spitz vermoord en nu wil hij de baan!"
—¡Vete, Chook! —gritó, intentando ahuyentar a Buck.
"Ga weg, Chook!" schreeuwde hij, terwijl hij probeerde Buck weg te jagen.
Pero Buck se negó a moverse y se mantuvo firme en la nieve.
Maar Buck weigerde te bewegen en bleef stevig in de sneeuw staan.
François agarró a Buck por la nuca y lo arrastró a un lado.
François greep Buck bij zijn nekvel en trok hem opzij.
Buck gruñó bajo y amenazante, pero no atacó.
Buck gromde zachtjes en dreigend, maar viel niet aan.
François puso a Solleks de nuevo en cabeza, intentando resolver la disputa.

François bracht Solleks weer op voorsprong en probeerde het conflict te beslechten

El perro viejo mostró miedo de Buck y no quería quedarse.
De oude hond was bang voor Buck en wilde niet blijven.

Cuando François le dio la espalda, Buck expulsó nuevamente a Solleks.
Toen François zich omdraaide, joeg Buck Solleks weer weg.

Solleks no se resistió y se hizo a un lado silenciosamente una vez más.
Solleks verzette zich niet en stapte opnieuw stilletjes opzij.

François se enojó y gritó: "¡Por Dios, te arreglo!"
François werd boos en schreeuwde: "Bij God, ik maak je beter!"

Se acercó a Buck sosteniendo un pesado garrote en su mano.
Hij liep op Buck af met een zware knuppel in zijn hand.

Buck recordaba bien al hombre del suéter rojo.
Buck kon zich de man in de rode trui nog goed herinneren.

Se retiró lentamente, observando a François, pero gruñendo profundamente.
Hij liep langzaam achteruit, keek François aan en gromde diep.

No se apresuró a regresar, incluso cuando Solleks ocupó su lugar.
Hij haastte zich niet terug, zelfs niet toen Solleks zijn plaats innam.

Buck voló en círculos fuera de su alcance, gruñendo con furia y protesta.
Buck cirkelde net buiten hun bereik en gromde van woede en protest.

Mantuvo la vista fija en el palo, dispuesto a esquivarlo si François lanzaba.
Hij hield zijn ogen op de club gericht, klaar om te ontwijken als François zou gooien.

Se había vuelto sabio y cauteloso en cuanto a las costumbres de los hombres con armas.
Hij was wijzer en op zijn hoede geworden voor de gewoonten van mannen met wapens.

François se dio por vencido y llamó a Buck nuevamente a su antiguo lugar.
François gaf het op en riep Buck weer naar zijn oude plek.
Pero Buck retrocedió con cautela, negándose a obedecer la orden.
Maar Buck deed voorzichtig een stap achteruit en weigerde het bevel op te volgen.
François lo siguió, pero Buck sólo retrocedió unos pasos más.
François volgde, maar Buck deed nog maar een paar stappen achteruit.
Después de un tiempo, François arrojó el arma al suelo, frustrado.
Na een tijdje gooide François uit frustratie het wapen op de grond.
Pensó que Buck tenía miedo de que le dieran una paliza y que iba a venir sin hacer mucho ruido.
Hij dacht dat Buck bang was voor een pak slaag en stilletjes zou komen.
Pero Buck no estaba evitando el castigo: estaba luchando por su rango.
Maar Buck wilde zijn straf niet ontlopen; hij vocht voor zijn rang.
Se había ganado el puesto de perro líder mediante una pelea a muerte.
Hij had de leidende positie verdiend door een gevecht op leven en dood
No iba a conformarse con nada menos que ser el líder.
Hij zou met niets minder genoegen nemen dan de leider.

Perrault participó en la persecución para ayudar a atrapar al rebelde Buck.
Perrault bemoeide zich met de achtervolging om de opstandige Buck te vangen.
Juntos lo hicieron correr alrededor del campamento durante casi una hora.
Samen renden ze hem bijna een uur lang rond in het kamp.

Le lanzaron garrotes, pero Buck los esquivó hábilmente.
Ze gooiden knuppels naar hem, maar Buck wist ze allemaal behendig te ontwijken.
Lo maldijeron a él, a sus padres, a sus descendientes y a cada cabello que tenía.
Ze vervloekten hem, zijn voorouders, zijn nakomelingen en elke haar op hem.
Pero Buck sólo gruñó y se quedó fuera de su alcance.
Maar Buck grauwde alleen maar en bleef net buiten hun bereik.
Nunca intentó huir, sino que rodeó el campamento deliberadamente.
Hij probeerde nooit weg te rennen, maar liep doelbewust om het kamp heen.
Dejó claro que obedecería una vez que le dieran lo que quería.
Hij maakte duidelijk dat hij zou gehoorzamen zodra ze hem gaven wat hij wilde.
François finalmente se sentó y se rascó la cabeza con frustración.
François ging uiteindelijk zitten en krabde gefrustreerd aan zijn hoofd.
Perrault miró su reloj, maldijo y murmuró algo sobre el tiempo perdido.
Perrault keek op zijn horloge, vloekte en mompelde over de verloren tijd.
Ya había pasado una hora cuando debían estar en el sendero.
Er was al een uur verstreken terwijl ze eigenlijk al op pad hadden moeten zijn.
François se encogió de hombros tímidamente y miró al mensajero, quien suspiró derrotado.
François haalde verlegen zijn schouders op naar de koerier, die verslagen zuchtte.
Entonces François se acercó a Solleks y llamó a Buck una vez más.
Toen liep François naar Solleks en riep nogmaals naar Buck.

Buck se rió como se ríe un perro, pero mantuvo una distancia cautelosa.
Buck lachte zoals een hond lacht, maar bleef op een voorzichtige afstand.
François le quitó el arnés a Solleks y lo devolvió a su lugar.
François deed het harnas van Solleks af en zette hem terug op zijn plek.
El equipo de trineo estaba completamente arneses y solo había un lugar libre.
Het sleeteam stond volledig uitgerust, met slechts één plekje vrij.
La posición de liderazgo quedó vacía, claramente destinada solo para Buck.
De koppositie bleef leeg en was duidelijk alleen voor Buck bedoeld.
François volvió a llamar, y nuevamente Buck rió y se mantuvo firme.
François riep nog eens, en opnieuw lachte Buck en hield hij stand.
—Tira el garrote —ordenó Perrault sin dudarlo.
"Gooi de knuppel neer", beval Perrault zonder aarzeling.
François obedeció y Buck inmediatamente trotó hacia adelante orgulloso.
François gehoorzaamde en Buck draafde meteen trots naar voren.
Se rió triunfante y asumió la posición de líder.
Hij lachte triomfantelijk en nam de leiding over.
François aseguró sus correajes y el trineo se soltó.
François stelde zijn sporen veilig en de slee brak los.
Ambos hombres corrieron al lado del equipo mientras corrían hacia el sendero del río.
Beide mannen renden naast elkaar toen het team richting het rivierpad rende.
François tenía en alta estima a los "dos demonios" de Buck.
François had een hoge dunk van Bucks "twee duivels",
Pero pronto se dio cuenta de que en realidad había subestimado al perro.

maar al snel besefte hij dat hij de hond eigenlijk had onderschat.
Buck asumió rápidamente el liderazgo y trabajó con excelencia.
Buck nam snel de leiding op zich en presteerde uitstekend.
En juicio, pensamiento rápido y acción veloz, Buck superó a Spitz.
Buck overtrof Spitz qua oordeel, snelle denken en snelle actie.
François nunca había visto un perro igual al que Buck mostraba ahora.
François had nog nooit een hond gezien die kon tippen aan wat Buck nu liet zien.
Pero Buck realmente sobresalía en imponer el orden e imponer respeto.
Maar Buck blonk vooral uit in het handhaven van orde en het afdwingen van respect.
Dave y Solleks aceptaron el cambio sin preocupación ni protesta.
Dave en Solleks accepteerden de verandering zonder zorgen of protest.
Se concentraron únicamente en el trabajo y en tirar con fuerza de las riendas.
Ze concentreerden zich alleen op het werk en het hard aanhalen van de teugels.
A ellos les importaba poco quién iba delante, siempre y cuando el trineo siguiera moviéndose.
Het maakte hen niet uit wie de leiding had, zolang de slee maar bleef rijden.
Billee, la alegre, podría haber liderado todo lo que a ellos les importaba.
Billee, de vrolijke dame, had wat hen betreft de leiding kunnen nemen.
Lo que les importaba era la paz y el orden en las filas.
Wat voor hen telde, was vrede en orde in de gelederen.

El resto del equipo se había vuelto rebelde durante la decadencia de Spitz.

De rest van het team was tijdens Spitz' achteruitgang onhandelbaar geworden.
Se sorprendieron cuando Buck inmediatamente los puso en orden.
Ze waren geschokt toen Buck hen meteen tot orde riep.
Pike siempre había sido perezoso y arrastraba los pies detrás de Buck.
Pike was altijd lui en liep altijd achter Buck aan.
Pero ahora el nuevo liderazgo lo ha disciplinado severamente.
Maar nu werd hij streng aangepakt door de nieuwe leiding.
Y rápidamente aprendió a aportar su granito de arena en el equipo.
En hij leerde al snel hoe hij zijn steentje bij kon dragen aan het team.
Al final del día, Pike trabajó más duro que nunca.
Aan het eind van de dag werkte Pike harder dan ooit tevoren.
Esa noche en el campamento, Joe, el perro amargado, finalmente fue sometido.
Die nacht in het kamp was Joe, de boze hond, eindelijk onder controle.
Spitz no logró disciplinarlo, pero Buck no falló.
Spitz had hem niet kunnen disciplineren, maar Buck faalde niet.
Utilizando su mayor peso, Buck superó a Joe en segundos.
Met zijn grotere gewicht overmeesterde Buck Joe binnen enkele seconden.
Mordió y golpeó a Joe hasta que gimió y dejó de resistirse.
Hij beet en sloeg Joe tot hij begon te janken en zich niet meer verzette.
Todo el equipo mejoró a partir de ese momento.
Vanaf dat moment ging het hele team vooruit.
Los perros recuperaron su antigua unidad y disciplina.
De honden herwonnen hun oude eenheid en discipline.
En Rink Rapids, se unieron dos nuevos huskies nativos, Teek y Koona.

Bij Rink Rapids sloten zich twee nieuwe inheemse husky's aan: Teek en Koona.

El rápido entrenamiento que Buck les dio sorprendió incluso a François.

Zelfs François was verbaasd hoe snel Buck ze trainde.

"¡Nunca hubo un perro como ese Buck!" gritó con asombro.

"Er is nog nooit zo'n hond geweest als die Buck!" riep hij verbaasd.

¡No, jamás! ¡Vale mil dólares, por Dios!

"Nee, nooit! Hij is duizend dollar waard, bij God!"

—¿Eh? ¿Qué dices, Perrault? —preguntó con orgullo.

"Eh? Wat zeg je ervan, Perrault?" vroeg hij trots.

Perrault asintió en señal de acuerdo y revisó sus notas.

Perrault knikte instemmend en controleerde zijn aantekeningen.

Ya vamos por delante del cronograma y ganamos más cada día.

We liggen al voor op schema en elke dag boeken we meer vooruitgang.

El sendero estaba duro y liso, sin nieve fresca.

Het pad was hard en glad, zonder verse sneeuw.

El frío era constante, rondando los cincuenta grados bajo cero durante todo el tiempo.

Het was voortdurend koud, met temperaturen rond de vijftig graden onder nul.

Los hombres cabalgaban y corrían por turnos para entrar en calor y ganar tiempo.

De mannen reden en renden om de beurt om warm te blijven en tijd te winnen.

Los perros corrían rápido, con pocas paradas y siempre avanzando.

De honden renden snel, stopten maar zelden en duwden altijd vooruit.

El río Thirty Mile estaba casi congelado y era fácil cruzarlo.

De Thirty Mile River was grotendeels bevroren en gemakkelijk over te steken.

Salieron en un día lo que habían tardado diez días en llegar.

Wat eerst tien dagen had geduurd, gingen ze in één dag weg.
Hicieron una carrera de sesenta millas desde el lago Le Barge hasta White Horse.
Ze legden een afstand van honderd kilometer af van Lake Le Barge naar White Horse.
A través de los lagos Marsh, Tagish y Bennett se movieron increíblemente rápido.
Ze bewogen zich ongelooflijk snel over Marsh, Tagish en Bennett Lakes.
El hombre corriendo remolcado detrás del trineo por una cuerda.
De rennende man werd aan een touw achter de slee getrokken.
En la última noche de la segunda semana llegaron a su destino.
Op de laatste avond van de tweede week kwamen ze op hun bestemming aan.
Habían llegado juntos a la cima del Paso Blanco.
Ze bereikten samen de top van White Pass.
Descendieron al nivel del mar con las luces de Skaguay debajo de ellos.
Ze daalden af naar zeeniveau, met de lichten van Skaguay onder zich.
Había sido una carrera que estableció un récord a través de kilómetros de desierto frío.
Het was een recordbrekende tocht door kilometers koude wildernis.
Durante catorce días seguidos, recorrieron un promedio de cuarenta millas.
Veertien dagen lang legden ze gemiddeld ruim 64 kilometer af.
En Skaguay, Perrault y François transportaban mercancías por la ciudad.
In Skaguay vervoerden Perrault en François vracht door de stad.
Fueron aplaudidos y la multitud admirada les ofreció muchas bebidas.

Ze werden toegejuicht en kregen veel drankjes aangeboden door de bewonderende menigte.
Los cazadores de perros y los trabajadores se reunieron alrededor del famoso equipo de perros.
Hondenbestrijders en werklieden verzamelden zich rond het beroemde hondenspan.
Luego, los forajidos del oeste llegaron a la ciudad y sufrieron una derrota violenta.
Toen kwamen er criminelen uit het westen naar de stad en zij leden een zware nederlaag.
La gente pronto se olvidó del equipo y se centró en un nuevo drama.
Al snel vergaten de mensen het team en richtten zich op het nieuwe drama.
Luego vinieron las nuevas órdenes que cambiaron todo de golpe.
Toen kwamen er nieuwe bevelen die alles in één keer veranderden.
François llamó a Buck y lo abrazó con orgullo entre lágrimas.
François riep Buck bij zich en omhelsde hem met tranen in zijn ogen en trots.
Ese momento fue la última vez que Buck volvió a ver a François.
Dat moment was de laatste keer dat Buck François nog zag.
Como muchos hombres antes, tanto François como Perrault se habían ido.
Net als veel mannen daarvoor waren François en Perrault verdwenen.
Un mestizo escocés se hizo cargo de Buck y sus compañeros de equipo de perros de trineo.
Een Schotse halfbloed nam de leiding over Buck en zijn sledehondencollega's.
Con una docena de otros equipos de perros, regresaron por el sendero hasta Dawson.
Samen met nog een tiental andere hondenteams keerden ze over het pad terug naar Dawson.

Ya no era una carrera rápida, solo un trabajo duro con una carga pesada cada día.
Het was nu geen snelle run meer, maar gewoon zwaar werk met een zware last elke dag.
Éste era el tren correo que llevaba noticias a los buscadores de oro cerca del Polo.
Dit was de posttrein die berichten bracht naar goudzoekers in de buurt van de Noordpool.
A Buck no le gustaba el trabajo, pero lo soportaba bien y se enorgullecía de su esfuerzo.
Buck vond het werk niet leuk, maar hij verdroeg het goed en was trots op zijn inzet.
Al igual que Dave y Solleks, Buck mostró devoción por cada tarea diaria.
Net als Dave en Solleks toonde Buck toewijding aan elke dagelijkse taak.
Se aseguró de que cada uno de sus compañeros hiciera su parte.
Hij zorgde ervoor dat al zijn teamgenoten hun steentje bijdroegen.
La vida en el sendero se volvió aburrida, repetida con la precisión de una máquina.
Het leven op de paden werd saai en herhaalde zich met de precisie van een machine.
Cada día parecía igual, una mañana se fundía con la siguiente.
Elke dag voelde hetzelfde, de ene ochtend liep over in de andere.
A la misma hora, los cocineros se levantaron para hacer fogatas y preparar la comida.
Op hetzelfde uur begonnen de koks met het stoken van vuren en het bereiden van het eten.
Después del desayuno, algunos abandonaron el campamento mientras otros enjaezaron los perros.
Na het ontbijt verlieten sommigen het kamp, terwijl anderen de honden inspanden.

Se pusieron en marcha antes de que la tenue señal del amanecer tocara el cielo.
Ze bereikten het pad nog voordat de schemering de hemel bereikte.
Por la noche se detenían para acampar, cada hombre con una tarea determinada.
's Nachts stopten ze om hun kamp op te zetten. Iedere man had een vaste taak.
Algunos montaron tiendas de campaña, otros cortaron leña y recogieron ramas de pino.
Sommigen zetten hun tenten op, anderen hakten brandhout en verzamelden dennentakken.
Se llevaba agua o hielo a los cocineros para la cena.
Voor het avondmaal werd er water of ijs naar de koks gebracht.
Los perros fueron alimentados y esta fue la mejor parte del día para ellos.
De honden kregen eten en voor hen was dit het beste moment van de dag.
Después de comer pescado, los perros se relajaron y descansaron cerca del fuego.
Nadat ze vis hadden gegeten, ontspanden de honden zich bij het vuur.
Había otros cien perros en el convoy con los que mezclarse.
Er waren nog honderd andere honden in het konvooi waarmee ze konden omgaan.
Muchos de esos perros eran feroces y rápidos para pelear sin previo aviso.
Veel van die honden waren fel en gingen zonder waarschuwing meteen vechten.
Pero después de tres victorias, Buck dominó incluso a los luchadores más feroces.
Maar na drie overwinningen was Buck zelfs de meest geduchte vechters de baas.
Cuando Buck gruñó y mostró los dientes, se hicieron a un lado.

Toen Buck gromde en zijn tanden liet zien, deden ze een stap opzij.

Quizás lo mejor de todo es que a Buck le encantaba tumbarse cerca de la fogata parpadeante.

Het allerleukste was misschien nog wel dat Buck het heerlijk vond om bij het knisperende kampvuur te liggen.

Se agachó con las patas traseras dobladas y las patas delanteras estiradas hacia adelante.

Hij hurkte neer met zijn achterpoten ingetrokken en zijn voorpoten naar voren gestrekt.

Levantó la cabeza mientras parpadeaba suavemente ante las llamas brillantes.

Hij hief zijn hoofd op en knipperde zachtjes met zijn ogen naar de gloeiende vlammen.

A veces recordaba la gran casa del juez Miller en Santa Clara.

Soms dacht hij aan het grote huis van rechter Miller in Santa Clara.

Pensó en la piscina de cemento, en Ysabel y en el pug llamado Toots.

Hij dacht aan het betonnen zwembad, aan Ysabel en aan de mopshond Toots.

Pero más a menudo recordaba el garrote del hombre del suéter rojo.

Maar vaker dacht hij aan de man met de knots van de rode trui.

Recordó la muerte de Curly y su feroz batalla con Spitz.

Hij herinnerde zich de dood van Krullend en zijn hevige strijd met Spitz.

También recordó la buena comida que había comido o con la que aún soñaba.

Hij dacht ook terug aan het lekkere eten dat hij had gegeten of waarvan hij nog droomde.

Buck no sentía nostalgia: el cálido valle era distante e irreal.

Buck had geen heimwee: de warme vallei was ver weg en onwerkelijk.

Los recuerdos de California ya no ejercían ninguna atracción sobre él.
De herinneringen aan Californië hadden geen enkele aantrekkingskracht meer op hem.
Más fuertes que la memoria eran los instintos profundos en su linaje.
Sterker dan zijn herinnering waren de instincten diep in zijn bloedlijn.
Los hábitos que una vez se habían perdido habían regresado, revividos por el camino y la naturaleza.
Gewoontes die ooit verloren waren gegaan, kwamen terug, nieuw leven ingeblazen door het pad en de wildernis.
Mientras Buck observaba la luz del fuego, a veces se convertía en otra cosa.
Terwijl Buck naar het vuurlicht keek, veranderde het soms in iets anders.
Vio a la luz del fuego otro fuego, más antiguo y más profundo que el actual.
Hij zag in het vuurschijnsel een ander vuur, ouder en dieper dan het huidige vuur.
Junto a ese otro fuego se agazapaba un hombre que no se parecía en nada al cocinero mestizo.
Naast dat andere vuur hurkte een man, die heel anders was dan de halfbloedkok.
Esta figura tenía piernas cortas, brazos largos y músculos duros y anudados.
Deze figuur had korte benen, lange armen en harde, geknoopte spieren.
Su cabello era largo y enmarañado, y caía hacia atrás desde los ojos.
Zijn haar was lang en klittig en hing achter zijn ogen.
Hizo ruidos extraños y miró con miedo hacia la oscuridad.
Hij maakte vreemde geluiden en staarde angstig in de duisternis.
Sostenía agachado un garrote de piedra, firmemente agarrado con su mano larga y áspera.

Hij hield een stenen knuppel stevig vast in zijn lange, ruwe hand.
El hombre vestía poco: sólo una piel carbonizada que le colgaba por la espalda.
De man droeg weinig, alleen een verkoolde huid die over zijn rug hing.
Su cuerpo estaba cubierto de espeso vello en los brazos, el pecho y los muslos.
Zijn lichaam was bedekt met dik haar op zijn armen, borst en dijen.
Algunas partes del cabello estaban enredadas en parches de pelaje áspero.
Sommige delen van het haar zaten verstrengeld in stukken ruwe vacht.
No se mantenía erguido, sino inclinado hacia delante desde las caderas hasta las rodillas.
Hij stond niet rechtop, maar boog voorover van zijn heupen tot zijn knieën.
Sus pasos eran elásticos y felinos, como si estuviera siempre dispuesto a saltar.
Zijn stappen waren veerkrachtig en als van een kat, alsof hij altijd klaar was om te springen.
Había un estado de alerta agudo, como si viviera con miedo constante.
Er heerste een scherpe alertheid, alsof hij in voortdurende angst leefde.
Este hombre anciano parecía esperar el peligro, ya sea que lo viera o no.
Deze oude man leek gevaar te verwachten, of hij het gevaar nu zag of niet.
A veces, el hombre peludo dormía junto al fuego, con la cabeza metida entre las piernas.
Soms sliep de harige man bij het vuur, met zijn hoofd tussen zijn benen.
Sus codos descansaban sobre sus rodillas, sus manos entrelazadas sobre su cabeza.

Zijn ellebogen rustten op zijn knieën en zijn handen waren boven zijn hoofd gevouwen.
Como un perro, usó sus brazos peludos para protegerse de la lluvia que caía.
Als een hond gebruikte hij zijn harige armen om de vallende regen van zich af te schudden.
Más allá de la luz del fuego, Buck vio dos brasas brillando en la oscuridad.
Buiten het schijnsel van het vuur zag Buck twee gloeiende kooltjes in het donker.
Siempre de dos en dos, eran los ojos de las bestias rapaces al acecho.
Altijd twee aan twee, vormden ze de ogen van sluipende roofdieren.
Escuchó cuerpos chocando contra la maleza y ruidos en la noche.
Hij hoorde lichamen door het struikgewas breken en hij hoorde geluiden in de nacht.
Acostado en la orilla del Yukón, parpadeando, Buck soñaba junto al fuego.
Buck lag knipperend op de oever van de Yukon en droomde bij het vuur.
Las vistas y los sonidos de ese mundo salvaje le ponían los pelos de punta.
De aanblik en de geluiden van die wilde wereld bezorgden hem kippenvel.
El pelaje se le subió por la espalda, los hombros y el cuello.
De vacht reikte tot op zijn rug, zijn schouders en zijn nek.
Él gimió suavemente o emitió un gruñido bajo y profundo en su pecho.
Hij jankte zachtjes of gromde diep in zijn borst.
Entonces el cocinero mestizo gritó: "¡Oye, Buck, despierta!"
Toen riep de halfbloedkok: "Hé, jij Buck, word wakker!"
El mundo de los sueños desapareció y la vida real regresó a los ojos de Buck.
De droomwereld verdween en Buck zag weer het echte leven.

Iba a levantarse, estirarse y bostezar, como si acabara de despertar de una siesta.
Hij stond op, strekte zich uit en gaapte, alsof hij uit een dutje was ontwaakt.

El viaje fue duro, con el trineo del correo arrastrándose detrás de ellos.
De tocht was zwaar, met de postslee die achter hen aan sleepte.

Las cargas pesadas y el trabajo duro agotaban a los perros cada largo día.
Zware lasten en zwaar werk waren voor de honden iedere dag weer een uitdaging.

Llegaron a Dawson delgados, cansados y necesitando más de una semana de descanso.
Ze kwamen uitgeput en moe aan in Dawson, en hadden meer dan een week rust nodig.

Pero sólo dos días después, emprendieron nuevamente el descenso por el Yukón.
Maar slechts twee dagen later voeren ze opnieuw de Yukon op.

Estaban cargados con más cartas destinadas al mundo exterior.
Ze waren geladen met nog meer brieven bestemd voor de buitenwereld.

Los perros estaban exhaustos y los hombres se quejaban constantemente.
De honden waren uitgeput en de mannen klaagden voortdurend.

La nieve caía todos los días, suavizando el camino y ralentizando los trineos.
Er viel elke dag sneeuw, waardoor het pad zachter werd en de sleden langzamer gingen rijden.

Esto provocó que el tirón fuera más difícil y hubo más resistencia para los corredores.
Dit zorgde ervoor dat er harder getrokken moest worden en er meer weerstand was voor de lopers.

A pesar de eso, los pilotos fueron justos y se preocuparon por sus equipos.
Desondanks waren de coureurs eerlijk en zorgden ze goed voor hun teams.

Cada noche, los perros eran alimentados antes de que los hombres pudieran comer.
Elke avond werden de honden gevoerd, voordat de mannen aan de beurt waren.

Ningún hombre duerme sin antes revisar las patas de su propio perro.
Niemand sliep voordat hij de poten van zijn eigen hond had gecontroleerd.

Aún así, los perros se fueron debilitando a medida que los kilómetros iban desgastando sus cuerpos.
Toch werden de honden zwakker naarmate de kilometers vorderden.

Habían viajado mil ochocientas millas durante el invierno.
Ze hadden achttienhonderd mijl afgelegd tijdens de winter.

Tiraron de trineos a lo largo de cada milla de esa brutal distancia.
Ze trokken sleden over elke kilometer van die verschrikkelijke afstand.

Incluso los perros de trineo más resistentes sienten tensión después de tantos kilómetros.
Zelfs de sterkste sledehonden voelen spanning na zoveel kilometers.

Buck aguantó, mantuvo a su equipo trabajando y mantuvo la disciplina.
Buck hield vol, hield zijn team aan het werk en handhaafde de discipline.

Pero Buck estaba cansado, al igual que los demás en el largo viaje.
Maar Buck was moe, net als de anderen op de lange reis.

Billee gemía y lloraba mientras dormía todas las noches sin falta.
Billee jankte en huilde iedere nacht onophoudelijk in zijn slaap.

Joe se volvió aún más amargado y Solleks se mantuvo frío y distante.
Joe werd steeds bitterder en Solleks bleef koud en afstandelijk.
Pero fue Dave quien sufrió más de todo el equipo.
Maar van het hele team was het vooral Dave die het zwaarst te verduren kreeg.
Algo había ido mal dentro de él, aunque nadie sabía qué.
Er was iets misgegaan in hem, maar niemand wist wat.
Se volvió más malhumorado y les gritaba a los demás con creciente enojo.
Hij werd humeuriger en viel anderen steeds bozer aan.
Cada noche iba directo a su nido, esperando ser alimentado.
Elke avond ging hij rechtstreeks naar zijn nest, wachtend om gevoed te worden.
Una vez que cayó, Dave no se levantó hasta la mañana.
Toen Dave eenmaal gevallen was, stond hij pas de volgende ochtend weer op.
En las riendas, tirones o arranques repentinos le hacían gritar de dolor.
Plotselinge rukken en schokken aan de teugels zorgden ervoor dat hij het uitschreeuwde van de pijn.
Su conductor buscó la causa, pero no encontró heridos.
Zijn chauffeur zocht naar de oorzaak, maar vond geen verwondingen bij hem.
Todos los conductores comenzaron a observar a Dave y discutieron su caso.
Alle chauffeurs keken naar Dave en bespraken zijn zaak.
Hablaron durante las comidas y durante el último cigarrillo del día.
Ze praatten tijdens de maaltijden en tijdens hun laatste sigaret van de dag.
Una noche tuvieron una reunión y llevaron a Dave al fuego.
Op een avond hielden ze een vergadering en namen Dave mee naar het vuur.
Le apretaron y le palparon el cuerpo, y él gritaba a menudo.
Ze drukten en onderzochten zijn lichaam, en hij schreeuwde voortdurend.

Estaba claro que algo iba mal, aunque no parecía haber ningún hueso roto.
Er was duidelijk iets mis, al leken er geen botten gebroken te zijn.
Cuando llegaron a Cassiar Bar, Dave se estaba cayendo.
Tegen de tijd dat ze Cassiar Bar bereikten, begon Dave te vallen.
El mestizo escocés pidió un alto y eliminó a Dave del equipo.
De Schotse halfbloed hield ermee op en haalde Dave uit het team.
Sujetó a Solleks en el lugar de Dave, más cerca del frente del trineo.
Hij bevestigde Solleks op de plek van Dave, het dichtst bij de voorkant van de slee.
Su intención era dejar que Dave descansara y corriera libremente detrás del trineo en movimiento.
Hij wilde Dave laten uitrusten en vrij achter de rijdende slee laten rondrennen.
Pero incluso estando enfermo, Dave odiaba que lo sacaran del trabajo que había tenido.
Maar zelfs als Dave ziek was, vond hij het vreselijk om ontslagen te worden uit zijn oude baan.
Gruñó y gimió cuando le quitaron las riendas del cuerpo.
Hij gromde en jankte toen de teugels van zijn lichaam werden getrokken.
Cuando vio a Solleks en su lugar, lloró con el corazón roto.
Toen hij zag dat Solleks in zijn plaats was, huilde hij van gebroken pijn.
El orgullo por el trabajo en los senderos estaba profundamente arraigado en Dave, incluso cuando se acercaba la muerte.
Dave voelde een diepe trots voor het werk dat hij deed, zelfs toen de dood naderde.
Mientras el trineo se movía, Dave se tambaleaba sobre la nieve blanda cerca del sendero.

Terwijl de slee voortbewoog, strompelde Dave door de zachte sneeuw vlak bij het pad.

Atacó a Solleks, mordiéndolo y empujándolo desde el costado del trineo.

Hij viel Solleks aan, beet hem en duwde hem van de zijkant van de slee.

Dave intentó saltar al arnés y recuperar su lugar de trabajo.

Dave probeerde in het harnas te springen en zijn werkplek terug te krijgen.

Gritó, se quejó y lloró, dividido entre el dolor y el orgullo por el trabajo.

Hij gilde, jammerde en huilde, verscheurd tussen de pijn en de trots van de bevalling.

El mestizo usó su látigo para intentar alejar a Dave del equipo.

De halfbloed probeerde Dave met zijn zweep bij het team weg te jagen.

Pero Dave ignoró el látigo y el hombre no pudo golpearlo más fuerte.

Maar Dave negeerde de zweepslagen en de man kon hem niet harder slaan.

Dave rechazó el camino más fácil detrás del trineo, donde la nieve estaba acumulada.

Dave weigerde het gemakkelijkere pad achter de slee te nemen, waar veel sneeuw lag.

En cambio, luchaba en la nieve profunda junto al sendero, en la miseria.

In plaats daarvan worstelde hij zich ellendig voort in de diepe sneeuw naast het pad.

Finalmente, Dave se desplomó, quedó tendido en la nieve y aullando de dolor.

Uiteindelijk zakte Dave in elkaar. Hij lag in de sneeuw en schreeuwde van de pijn.

Gritó cuando el largo tren de trineos pasó a su lado uno por uno.

Hij schreeuwde het uit toen de lange rij sleden hem één voor één passeerde.

Aún con las fuerzas que le quedaban, se levantó y tropezó tras ellos.
Toch stond hij, met de kracht die hem nog restte, op en strompelde achter hen aan.
Lo alcanzó cuando el tren se detuvo nuevamente y encontró su viejo trineo.
Toen de trein weer stopte, haalde hij hem in en vond zijn oude slee.
Pasó junto a los otros equipos y se quedó de nuevo al lado de Solleks.
Hij liep langs de andere teams en ging weer naast Solleks staan.
Cuando el conductor se detuvo para encender su pipa, Dave aprovechó su última oportunidad.
Terwijl de chauffeur stopte om zijn pijp op te steken, greep Dave zijn laatste kans.
Cuando el conductor regresó y gritó, el equipo no avanzó.
Toen de chauffeur terugkwam en begon te schreeuwen, kwam het team niet verder.
Los perros habían girado la cabeza, confundidos por la parada repentina.
De honden hadden hun kop omgedraaid, verward door de plotselinge stilstand.
El conductor también estaba sorprendido: el trineo no se había movido ni un centímetro hacia adelante.
Ook de bestuurder was geschokt: de slee was geen centimeter vooruit gekomen.
Llamó a los demás para que vinieran a ver qué había sucedido.
Hij riep de anderen om te komen kijken wat er gebeurd was.
Dave había mordido las riendas de Solleks, rompiéndolas ambas.
Dave had de teugels van Solleks doorgebeten en beide paarden waren kapot.
Ahora estaba de pie frente al trineo, nuevamente en su posición correcta.
Nu stond hij voor de slee, weer op de plek waar hij hoorde.

Dave miró al conductor y le rogó en silencio que se mantuviera en el carril.
Dave keek op naar de bestuurder en smeekte hem in stilte om in het spoor te blijven.
El conductor estaba desconcertado, sin saber qué hacer con el perro que luchaba.
De chauffeur was in verwarring en wist niet wat hij met de worstelende hond moest doen.
Los otros hombres hablaron de perros que habían muerto al ser sacados a la calle.
De andere mannen vertelden over honden die waren gestorven toen ze werden uitgelaten.
Contaron sobre perros viejos o heridos cuyo corazón se rompió al ser abandonados.
Ze vertelden over oude of gewonde honden, wier hart brak toen ze achtergelaten werden.
Estuvieron de acuerdo en que era una misericordia dejar que Dave muriera mientras aún estaba en su arnés.
Ze waren het erover eens dat het genade was om Dave te laten sterven terwijl hij nog in zijn harnas zat.
Lo volvieron a sujetar al trineo y Dave tiró con orgullo.
Hij werd weer op de slee vastgemaakt en Dave trok er met trots aan.
Aunque a veces gritaba, trabajaba como si el dolor pudiera ignorarse.
Hoewel hij af en toe schreeuwde, deed hij alsof de pijn genegeerd kon worden.
Más de una vez se cayó y fue arrastrado antes de levantarse de nuevo.
Hij viel meerdere keren en werd meegesleurd voordat hij weer opstond.
Un día, el trineo pasó por encima de él y desde ese momento empezó a cojear.
Op een gegeven moment rolde de slee over hem heen en vanaf dat moment liep hij mank.
Aún así, trabajó hasta llegar al campamento y luego se acostó junto al fuego.

Toch werkte hij door tot het kamp bereikt was en daarna ging hij bij het vuur liggen.
Por la mañana, Dave estaba demasiado débil para viajar o incluso mantenerse en pie.
Tegen de ochtend was Dave te zwak om te reizen of zelfs maar rechtop te staan.
En el momento de preparar el arnés, intentó alcanzar a su conductor con un esfuerzo tembloroso.
Terwijl hij zijn harnas omdeed, probeerde hij met trillende kracht zijn chauffeur te bereiken.
Se obligó a levantarse, se tambaleó y se desplomó sobre el suelo nevado.
Hij dwong zichzelf om overeind te komen, wankelde en stortte neer op de besneeuwde grond.
Utilizando sus patas delanteras, arrastró su cuerpo hacia el área del arnés.
Met zijn voorpoten sleepte hij zijn lichaam richting het tuiggebied.
Avanzó poco a poco, centímetro a centímetro, hacia los perros de trabajo.
Hij kroop vooruit, centimeter voor centimeter, in de richting van de werkhonden.
Sus fuerzas se acabaron, pero siguió avanzando en su último y desesperado esfuerzo.
Zijn krachten begaven het, maar hij bleef doorgaan in zijn laatste wanhopige poging.
Sus compañeros de equipo lo vieron jadeando en la nieve, todavía deseando unirse a ellos.
Zijn teamgenoten zagen hem naar adem snakken in de sneeuw en verlangden ernaar om zich bij hen te voegen.
Lo oyeron aullar de dolor mientras dejaban atrás el campamento.
Ze hoorden hem huilen van verdriet toen ze het kamp achter zich lieten.
Cuando el equipo desapareció entre los árboles, el grito de Dave resonó detrás de ellos.

Terwijl het team tussen de bomen verdween, klonk de echo van Dave's geroep achter hen.
El tren de trineos se detuvo brevemente después de cruzar un tramo de bosque junto al río.
De sleetrein stopte even nadat hij een stuk rivierbos was overgestoken.
El mestizo escocés caminó lentamente de regreso hacia el campamento que estaba detrás.
De Schotse halfbloed liep langzaam terug naar het kamp erachter.
Los hombres dejaron de hablar cuando lo vieron salir del tren de trineos.
De mannen hielden op met praten toen ze hem uit de sleebaan zagen stappen.
Entonces un único disparo se oyó claro y nítido en el camino.
Toen klonk er een enkel schot, duidelijk en scherp, over het pad.
El hombre regresó rápidamente y ocupó su lugar sin decir palabra.
De man kwam snel terug en nam zonder een woord zijn plaats in.
Los látigos crujieron, las campanas tintinearon y los trineos rodaron por la nieve.
Zwepen knalden, bellen rinkelden en de sleden rolden door de sneeuw.
Pero Buck sabía lo que había sucedido... y todos los demás perros también.
Maar Buck wist wat er gebeurd was, en alle andere honden ook.

El trabajo de las riendas y el sendero
De arbeid van teugels en pad

Treinta días después de salir de Dawson, el Salt Water Mail llegó a Skaguay.
Dertig dagen nadat ze Dawson hadden verlaten, bereikte de Salt Water Mail Skaguay.
Buck y sus compañeros tomaron la delantera, llegando en lamentables condiciones.
Buck en zijn teamgenoten namen de leiding en arriveerden in erbarmelijke toestand.
Buck había bajado de ciento cuarenta a ciento quince libras.
Buck was van honderdveertig naar honderdvijftien kilo afgevallen.
Los otros perros, aunque más pequeños, habían perdido aún más peso corporal.
De andere honden waren weliswaar kleiner, maar ze waren nog meer afgevallen.
Pike, que antes fingía cojear, ahora arrastraba tras él una pierna realmente herida.
Pike, die ooit een nep-limper was, sleepte nu een echt geblesseerd been achter zich aan.
Solleks cojeaba mucho y Dub tenía un omóplato torcido.
Solleks liep erg mank en Dub had een schouderbladblessure.
Todos los perros del equipo tenían las patas doloridas por las semanas que pasaron en el sendero helado.
Alle honden in het team hadden last van hun voeten door de wekenlange tocht over het bevroren pad.
Ya no tenían resorte en sus pasos, sólo un movimiento lento y arrastrado.
Hun stappen waren niet meer veerkrachtig, ze bewogen alleen nog maar langzaam en slepend.
Sus pies golpeaban el sendero con fuerza y cada paso añadía más tensión a sus cuerpos.
Hun voeten komen hard op het pad terecht en elke stap zorgt voor meer belasting van hun lichaam.

No estaban enfermos, sólo agotados más allá de toda recuperación natural.
Ze waren niet ziek, maar wel zo uitgeput dat ze niet meer op natuurlijke wijze konden herstellen.
No era el cansancio de un día duro que se curaba con una noche de descanso.
Dit was niet de vermoeidheid van één zware dag, verholpen door een nachtrust.
Fue un agotamiento acumulado lentamente a lo largo de meses de esfuerzo agotador.
Het was een uitputting die zich langzaam opbouwde door maandenlange, zware inspanningen.
No quedaban reservas de fuerza: habían agotado todas las que tenían.
Er was geen reservemacht meer over, ze hadden alles wat ze hadden opgebruikt.
Cada músculo, fibra y célula de sus cuerpos estaba gastado y desgastado.
Elke spier, vezel en cel in hun lichaam was uitgeput en versleten.
Y había una razón: habían recorrido dos mil quinientas millas.
En daar was een reden voor: ze hadden ruim 4000 kilometer afgelegd.
Habían descansado sólo cinco días durante las últimas mil ochocientas millas.
Tijdens de laatste achttienhonderd mijl hadden ze slechts vijf dagen rust gehad.
Cuando llegaron a Skaguay, parecían apenas capaces de mantenerse en pie.
Toen ze Skaguay bereikten, konden ze nauwelijks rechtop staan.
Se esforzaron por mantener las riendas tensas y permanecer delante del trineo.
Ze hadden moeite om de teugels strak te houden en voor de slee te blijven.
En las bajadas sólo lograron evitar ser atropellados.

Op de afdaling konden ze alleen ontkomen aan aanrijdingen.
"Sigan adelante, pobres pies doloridos", dijo el conductor mientras cojeaban.
"Loop maar door, arme, pijnlijke voeten," zei de chauffeur terwijl ze mank voortliepen.
"Este es el último tramo, luego todos tendremos un largo descanso, seguro".
"Dit is het laatste stuk, daarna krijgen we allemaal nog een lange rustpauze, dat is zeker."
"Un descanso verdaderamente largo", prometió mientras los observaba tambalearse hacia adelante.
"Eén echt lange rustpauze," beloofde hij, terwijl hij toekeek hoe ze strompelend verder liepen.
Los conductores esperaban que ahora tuvieran un descanso largo y necesario.
De chauffeurs verwachtten dat ze nu een lange, broodnodige pauze zouden krijgen.
Habían recorrido mil doscientas millas con sólo dos días de descanso.
Ze hadden twintighonderd kilometer afgelegd en hadden slechts twee dagen rust gehad.
Por justicia y razón, sintieron que se habían ganado tiempo para relajarse.
Eerlijkheidshalve vonden ze dat ze tijd hadden verdiend om te ontspannen.
Pero eran demasiados los que habían llegado al Klondike y muy pocos los que se habían quedado en casa.
Maar er waren te veel mensen naar de Klondike gekomen en te weinig mensen waren thuisgebleven.
Las cartas de las familias llegaron en masa, creando montañas de correo retrasado.
Er stroomden brieven van families binnen, waardoor er stapels post ontstonden die te laat waren bezorgd.
Llegaron órdenes oficiales: nuevos perros de la Bahía de Hudson tomarían el control.
Er kwamen officiële bevelen binnen: nieuwe Hudson Bay-honden zouden het overnemen.

Los perros exhaustos, ahora llamados inútiles, debían ser eliminados.
De uitgeputte honden, die nu waardeloos werden genoemd, moesten worden afgevoerd.
Como el dinero importaba más que los perros, los iban a vender a bajo precio.
Omdat geld belangrijker was dan honden, moesten ze goedkoop verkocht worden.
Pasaron tres días más antes de que los perros sintieran lo débiles que estaban.
Er gingen nog eens drie dagen voorbij voordat de honden beseften hoe zwak ze waren.
En la cuarta mañana, dos hombres de Estados Unidos compraron todo el equipo.
Op de vierde ochtend kochten twee mannen uit de Verenigde Staten het hele team.
La venta incluía todos los perros, además de sus arneses usados.
De verkoop omvatte alle honden, inclusief hun versleten tuig.
Los hombres se llamaban entre sí "Hal" y "Charles" mientras completaban el trato.
De mannen noemden elkaar 'Hal' en 'Charles' toen ze de deal rond hadden.
Charles era un hombre de mediana edad, pálido, con labios flácidos y puntas de bigote feroces.
Charles was van middelbare leeftijd, bleek, had slappe lippen en een opvallend lange snor.
Hal era un hombre joven, de unos diecinueve años, que llevaba un cinturón lleno de cartuchos.
Hal was een jongeman, misschien negentien jaar oud, die een riem droeg die gevuld was met patronen.
El cinturón contenía un gran revólver y un cuchillo de caza, ambos sin usar.
Aan de riem zaten een grote revolver en een jachtmes, beide ongebruikt.
Esto demostró lo inexperto e inadecuado que era para la vida en el norte.

Het toonde aan hoe onervaren en ongeschikt hij was voor het leven in het noorden.
Ninguno de los dos pertenecía a la naturaleza; su presencia desafiaba toda razón.
Geen van beide mannen hoorde in de wildernis thuis; hun aanwezigheid tartte alle rede.
Buck observó cómo el dinero intercambiaba manos entre el comprador y el agente.
Buck keek toe hoe er geld werd uitgewisseld tussen de koper en de makelaar.
Sabía que los conductores de trenes correos abandonaban su vida como el resto.
Hij wist dat de postmachinisten net als de rest van zijn leven een einde aan zijn leven zouden maken.
Siguieron a Perrault y a François, ahora desaparecidos sin posibilidad de recuperación.
Ze volgden Perrault en François, die inmiddels onherroepelijk verdwenen waren.
Buck y el equipo fueron conducidos al descuidado campamento de sus nuevos dueños.
Buck en het team werden naar het slordige kamp van hun nieuwe eigenaren geleid.
La tienda se hundía, los platos estaban sucios y todo estaba desordenado.
De tent was verzakt, de vaat was vies en alles lag in de war.
Buck también notó que había una mujer allí: Mercedes, la esposa de Charles y hermana de Hal.
Buck zag daar ook een vrouw: Mercedes, de vrouw van Charles en de zus van Hal.
Formaban una familia completa, aunque no eran aptos para el recorrido.
Ze vormden een compleet gezin, maar waren verre van geschikt voor de tocht.
Buck observó nervioso cómo el trío comenzó a empacar los suministros.
Buck keek nerveus toe hoe het drietal begon met het inpakken van de spullen.

Trabajaron duro, pero sin orden: sólo alboroto y esfuerzos desperdiciados.
Ze werkten hard, maar zonder orde: alleen maar gedoe en verspilde moeite.

La tienda estaba enrollada hasta formar un volumen demasiado grande para el trineo.
De tent was opgerold tot een omvangrijk geheel, veel te groot voor de slee.

Los platos sucios se empaquetaron sin limpiarlos ni secarlos.
Vuile vaat werd ingepakt zonder dat het werd schoongemaakt of gedroogd.

Mercedes revoloteaba por todos lados, hablando, corrigiendo y entrometiéndose constantemente.
Mercedes fladderde heen en weer, voortdurend pratend, corrigerend en bemoeiend.

Cuando le ponían un saco en el frente, ella insistía en que lo pusieran en la parte de atrás.
Toen er een zak op de voorkant werd gelegd, stond ze erop dat deze op de achterkant werd gelegd.

Metió la bolsa en el fondo y al siguiente momento la necesitó.
Ze stopte de zak onderin, en het volgende moment had ze hem nodig.

De esta manera, el trineo fue desempaquetado nuevamente para alcanzar la bolsa específica.
Dus werd de slee weer uitgepakt om die ene specifieke tas te pakken.

Cerca de allí, tres hombres estaban parados afuera de una tienda de campaña, observando cómo se desarrollaba la escena.
Vlakbij stonden drie mannen voor een tent en keken naar het tafereel.

Sonrieron, guiñaron el ojo y sonrieron ante la evidente confusión de los recién llegados.
Ze glimlachten, knipoogden en grijnsden om de duidelijke verwarring van de nieuwkomers.

"Ya tienes una carga bastante pesada", dijo uno de los hombres.

"Je hebt al een zware last te dragen", zei een van de mannen.

"No creo que debas llevar esa tienda de campaña, pero es tu elección".

"Ik denk niet dat jij die tent moet dragen, maar het is jouw keuze."

"¡Inimaginable!", exclamó Mercedes levantando las manos con desesperación.

"Ongekend!" riep Mercedes, terwijl ze haar handen in wanhoop in de lucht gooide.

"¿Cómo podría viajar sin una tienda de campaña donde refugiarme?"

"Hoe zou ik ooit kunnen reizen zonder een tent om onder te overnachten?"

"Es primavera, ya no volverás a ver el frío", respondió el hombre.

"Het is lente, het zal niet meer koud zijn", antwoordde de man.

Pero ella meneó la cabeza y ellos siguieron apilando objetos en el trineo.

Maar ze schudde haar hoofd, en ze bleven maar spullen op de slee stapelen.

La carga se elevó peligrosamente a medida que añadían los últimos elementos.

Toen ze de laatste dingen toevoegden, was de lading gevaarlijk hoog.

"¿Crees que el trineo se deslizará?" preguntó uno de los hombres con mirada escéptica.

"Denk je dat de slee zal rijden?" vroeg een van de mannen met een sceptische blik.

"¿Por qué no debería?", replicó Charles con gran fastidio.

"Waarom zou dat niet?", snauwde Charles met scherpe ergernis terug.

—Está bien —dijo rápidamente el hombre, alejándose un poco de la ofensa.

"Oh, dat is goed," zei de man snel, terwijl hij zich terugtrok om niet beledigd te worden.

"Solo me preguntaba, me pareció que tenía la parte superior demasiado pesada".

"Ik vroeg het me alleen af, het leek me gewoon een beetje te topzwaar."

Charles se dio la vuelta y ató la carga lo mejor que pudo.

Charles draaide zich om en bond de lading zo goed mogelijk vast.

Pero las ataduras estaban sueltas y el embalaje en general estaba mal hecho.

Maar de bevestigingen zaten los en de verpakking was over het geheel genomen slecht uitgevoerd.

"Claro, los perros tirarán de eso todo el día", dijo otro hombre con sarcasmo.

"Ja hoor, de honden trekken daar de hele dag aan", zei een andere man sarcastisch.

—Por supuesto —respondió Hal con frialdad, agarrando el largo palo del trineo.

"Natuurlijk," antwoordde Hal koud, terwijl hij de lange stok van de slee greep.

Con una mano en el poste, blandía el látigo con la otra.

Met één hand op de paal zwaaide hij met de andere hand de zweep.

"¡Vamos!", gritó. "¡Muévanse!", instando a los perros a empezar.

"Kom op!" riep hij. "Schuif op!" en spoorde de honden aan om te beginnen.

Los perros se inclinaron hacia el arnés y se tensaron durante unos instantes.

De honden leunden een paar ogenblikken tegen het tuig aan en spanden zich in.

Entonces se detuvieron, incapaces de mover ni un centímetro el trineo sobrecargado.

Toen stopten ze, ze konden de overbelaste slee geen centimeter bewegen.

—¡Esos brutos perezosos! —gritó Hal, levantando el látigo para golpearlos.

"Die luie beesten!" schreeuwde Hal, terwijl hij de zweep ophief om ze te slaan.
Pero Mercedes entró corriendo y le arrebató el látigo de las manos a Hal.
Maar Mercedes stormde naar binnen en greep de zweep uit Hals handen.
—Oh, Hal, no te atrevas a hacerles daño —gritó alarmada.
"Oh, Hal, durf ze geen pijn te doen," riep ze geschrokken.
"Prométeme que serás amable con ellos o no daré un paso más".
"Beloof me dat je aardig voor ze zult zijn, anders ga ik geen stap verder."
—No sabes nada de perros —le espetó Hal a su hermana.
"Jij weet helemaal niets over honden," snauwde Hal tegen zijn zus.
"Son perezosos y la única forma de moverlos es azotándolos".
"Ze zijn lui, en de enige manier om ze te verplaatsen is door ze te geselen."
"Pregúntale a cualquiera, pregúntale a uno de esos hombres de allí si dudas de mí".
"Vraag het maar aan iemand - vraag het maar aan een van die mannen daar als je aan mij twijfelt."
Mercedes miró a los espectadores con ojos suplicantes y llorosos.
Mercedes keek de omstanders met smekende, betraande ogen aan.
Su rostro mostraba lo profundamente que odiaba ver cualquier dolor.
Haar gezicht liet zien hoe verschrikkelijk ze het vond om pijn te zien.
"Están débiles, eso es todo", dijo un hombre. "Están agotados".
"Ze zijn zwak, dat is alles," zei een man. "Ze zijn versleten."
"Necesitan descansar, han trabajado demasiado tiempo sin descansar".

"Ze hebben rust nodig, ze hebben te lang zonder pauze gewerkt."
—**Maldito sea el resto** —**murmuró Hal con el labio curvado.**
"Vervloekt zij," mompelde Hal met een opgetrokken lip.
Mercedes jadeó, visiblemente dolida por la grosera palabra que pronunció.
Mercedes snakte naar adem. Het was duidelijk dat ze gekwetst was door zijn grove taal.
Aún así, ella se mantuvo leal y defendió instantáneamente a su hermano.
Toch bleef ze loyaal en verdedigde ze haar broer meteen.
—**No le hagas caso a ese hombre** —**le dijo a Hal**—. **Son nuestros perros.**
"Trek je niets aan van die man," zei ze tegen Hal. "Het zijn onze honden."
"Los conduces como mejor te parezca, haz lo que creas correcto".
"Je rijdt ermee zoals je wilt, doe wat je denkt dat juist is."
Hal levantó el látigo y volvió a golpear a los perros sin piedad.
Hal hief de zweep en sloeg de honden opnieuw genadeloos.
Se lanzaron hacia adelante, con el cuerpo agachado y los pies hundidos en la nieve.
Ze sprongen naar voren, met hun lichamen laag bij de grond en hun voeten in de sneeuw.
Ponían toda su fuerza en tirar, pero el trineo no se movía.
Ze zetten al hun kracht in om te trekken, maar de slee kwam niet van zijn plaats.
El trineo quedó atascado, como un ancla congelada en la nieve compacta.
De slee bleef vastzitten, als een anker vastgevroren in de vastgevroren sneeuw.
Tras un segundo esfuerzo, los perros se detuvieron de nuevo, jadeando con fuerza.
Na een tweede poging stopten de honden opnieuw, hijgend.
Hal levantó el látigo una vez más, justo cuando Mercedes interfirió nuevamente.

Hal hief de zweep opnieuw op, net toen Mercedes opnieuw tussenbeide kwam.
Ella cayó de rodillas frente a Buck y abrazó su cuello.
Ze viel op haar knieën voor Buck en sloeg haar armen om zijn nek.
Las lágrimas llenaron sus ojos mientras le suplicaba al perro exhausto.
Tranen vulden haar ogen terwijl ze de uitgeputte hond smeekte.
"Pobres queridos", dijo, "¿por qué no tiran más fuerte?"
"Jullie arme kinderen," zei ze, "waarom trekken jullie niet gewoon harder?"
"Si tiras, no te azotarán así".
"Als je trekt, word je niet zo geslagen."
A Buck no le gustaba Mercedes, pero estaba demasiado cansado para resistirse a ella ahora.
Buck had een hekel aan Mercedes, maar hij was te moe om haar nu nog te weerstaan.
Él aceptó sus lágrimas como una parte más de ese día miserable.
Hij accepteerde haar tranen als gewoon onderdeel van de ellendige dag.
Uno de los hombres que observaban finalmente habló después de contener su ira.
Een van de toekijkende mannen sprak eindelijk, nadat hij zijn woede had ingehouden.
"No me importa lo que les pase a ustedes, pero esos perros importan".
"Het kan me niet schelen wat er met jullie gebeurt, maar die honden zijn belangrijk."
"Si quieres ayudar, suelta ese trineo: está congelado hasta la nieve".
"Als je wilt helpen, maak dan die slee los - hij zit vastgevroren aan de sneeuw."
"Presiona con fuerza el polo G, derecha e izquierda, y rompe el sello de hielo".

"Druk hard op de gee-paal, rechts en links, en breek de ijsafdichting."

Se hizo un tercer intento, esta vez siguiendo la sugerencia del hombre.

Er werd een derde poging gedaan, ditmaal op voorstel van de man.

Hal balanceó el trineo de un lado a otro, soltando los patines.

Hal wiebelde de slee heen en weer, waardoor de glijders loskwamen.

El trineo, aunque sobrecargado y torpe, finalmente avanzó con dificultad.

De slee, hoewel overbelast en onhandig, kwam uiteindelijk met een schok vooruit.

Buck y los demás tiraron salvajemente, impulsados por una tormenta de latigazos.

Buck en de anderen trokken wild, voortgedreven door een stortvloed aan zweepslagen.

Cien metros más adelante, el sendero se curvaba y descendía hacia la calle.

Honderd meter verderop liep het pad schuin af de straat in.

Se hubiera necesitado un conductor habilidoso para mantener el trineo en posición vertical.

Het zal een bekwame bestuurder zijn geweest om de slee rechtop te houden.

Hal no era hábil y el trineo se volcó al girar en la curva.

Hal was niet zo ervaren, en de slee kantelde toen hij de bocht omging.

Las ataduras sueltas cedieron y la mitad de la carga se derramó sobre la nieve.

Losse kabels lieten los en de helft van de lading belandde in de sneeuw.

Los perros no se detuvieron; el trineo, más ligero, siguió volando de lado.

De honden bleven niet stoppen; de lichtere slee vloog op zijn kant verder.

Enojados por el abuso y la pesada carga, los perros corrieron más rápido.
Boos door de mishandeling en de zware last, renden de honden nog harder.
Buck, furioso, echó a correr, con el equipo siguiéndolo detrás.
Woedend begon Buck te rennen, gevolgd door het team.
Hal gritó "¡Guau! ¡Guau!", pero el equipo no le hizo caso.
Hal riep "Whoa! Whoa!", maar het team schonk geen aandacht aan hem.
Tropezó, cayó y fue arrastrado por el suelo por el arnés.
Hij struikelde, viel en werd aan het harnas over de grond gesleurd.
El trineo volcado saltó sobre él mientras los perros corrían delante.
De omgevallen slee botste over hem heen terwijl de honden vooruit renden.
El resto de los suministros se dispersaron por la concurrida calle de Skaguay.
De rest van de voorraden lagen verspreid over de drukke straten van Skaguay.
La gente bondadosa se apresuró a detener a los perros y recoger el equipo.
Vriendelijke mensen schoten te hulp om de honden tegen te houden en de spullen in te pakken.
También dieron consejos, contundentes y prácticos, a los nuevos viajeros.
Ze gaven de nieuwe reizigers ook direct en praktisch advies.
"Si quieres llegar a Dawson, lleva la mitad de la carga y el doble de perros".
"Als je Dawson wilt bereiken, neem dan de helft van de lading en het dubbele aantal honden."
Hal, Charles y Mercedes escucharon, aunque no con entusiasmo.
Hal, Charles en Mercedes luisterden, maar niet met enthousiasme.

Instalaron su tienda de campaña y comenzaron a clasificar sus suministros.
Ze zetten hun tent op en begonnen hun spullen te sorteren.
Salieron alimentos enlatados, lo que hizo reír a carcajadas a los espectadores.
Er kwam blikvoer tevoorschijn, wat de omstanders hardop deed lachen.
"¿Enlatado en el camino? Te morirás de hambre antes de que se derrita", dijo uno.
"Ingeblikt voedsel op de route? Je zult verhongeren voordat dat smelt," zei een van hen.
¿Mantas de hotel? Mejor tíralas todas.
Hoteldekens? Je kunt ze beter allemaal weggooien.
"Si también deshazte de la tienda de campaña, aquí nadie lava los platos".
"Verlaat ook de tent, en niemand wast hier af."
¿Crees que estás viajando en un tren Pullman con sirvientes a bordo?
"Denk je dat je in een Pullman-trein zit met bedienden aan boord?"
El proceso comenzó: todos los objetos inútiles fueron arrojados a un lado.
Het proces begon: alle nutteloze voorwerpen werden aan de kant gegooid.
Mercedes lloró cuando sus maletas fueron vaciadas en el suelo nevado.
Mercedes huilde toen haar tassen op de besneeuwde grond werden leeggemaakt.
Ella sollozaba por cada objeto que tiraba, uno por uno, sin pausa.
Ze snikte bij elk voorwerp dat ze weggooide, één voor één, zonder ophouden.
Ella juró no dar un paso más, ni siquiera por diez Charleses.
Ze beloofde geen stap meer te zetten, zelfs niet voor tien Charleses.
Ella le rogó a cada persona cercana que le permitiera conservar sus cosas preciosas.

Ze smeekte iedereen in de buurt om haar dierbare bezittingen te mogen houden.
Por último, se secó los ojos y comenzó a arrojar incluso la ropa más importante.
Uiteindelijk veegde ze haar ogen af en begon zelfs de belangrijkste kleren weg te gooien.
Cuando terminó con los suyos, comenzó a vaciar los suministros de los hombres.
Toen ze klaar was met haar eigen spullen, begon ze de voorraden van de mannen leeg te halen.
Como un torbellino, destrozó las pertenencias de Charles y Hal.
Als een wervelwind scheurde ze door de spullen van Charles en Hal.
Aunque la carga se redujo a la mitad, todavía era mucho más pesada de lo necesario.
Hoewel de lading gehalveerd was, was deze nog steeds veel zwaarder dan nodig.
Esa noche, Charles y Hal salieron y compraron seis perros nuevos.
Die avond gingen Charles en Hal op stap en kochten zes nieuwe honden.
Estos nuevos perros se unieron a los seis originales, además de Teek y Koona.
Deze nieuwe honden voegden zich bij de oorspronkelijke zes, plus Teek en Koona.
Juntos formaron un equipo de catorce perros enganchados al trineo.
Samen vormden ze een team van veertien honden, die voor de slee werden gespannen.
Pero los nuevos perros no eran aptos y estaban mal entrenados para el trabajo con trineos.
Maar de nieuwe honden waren ongeschikt en slecht getraind voor sledewerk.
Tres de los perros eran pointers de pelo corto y uno era un Terranova.

Drie van de honden waren kortharige staande honden en één was een Newfoundlander.

Los dos últimos perros eran mestizos, sin ninguna raza ni propósito claros.

De laatste twee honden waren bastaarden, waarvan geen enkel ras of doel duidelijk was.

No entendieron el camino y no lo aprendieron rápidamente.

Ze begrepen het pad niet en ze leerden het niet snel.

Buck y sus compañeros los miraron con desprecio y profunda irritación.

Buck en zijn maten keken hen met minachting en diepe irritatie aan.

Aunque Buck les enseñó lo que no debían hacer, no podía enseñarles cuál era el deber.

Buck leerde hun wat ze niet moesten doen, maar hij kon ze niet leren wat plicht was.

No se adaptaron bien a la vida en senderos ni al tirón de las riendas y los trineos.

Ze konden niet goed overweg met het leven op de trail en met de trekkracht van teugels en sleden.

Sólo los mestizos intentaron adaptarse, e incluso a ellos les faltó espíritu de lucha.

Alleen de bastaarden probeerden zich aan te passen, en zelfs zij misten vechtlust.

Los demás perros estaban confundidos, debilitados y destrozados por su nueva vida.

De andere honden waren in de war, verzwakt en gebroken door hun nieuwe leven.

Con los nuevos perros desorientados y los viejos exhaustos, la esperanza era escasa.

De nieuwe honden wisten het niet en de oude waren uitgeput, dus er was weinig hoop.

El equipo de Buck había recorrido dos mil quinientas millas de senderos difíciles.

Bucks team had ruim 4000 kilometer aan ruig parcours afgelegd.

Aún así, los dos hombres estaban alegres y orgullosos de su gran equipo de perros.
Toch waren de twee mannen vrolijk en trots op hun grote hondenspan.
Creían que viajaban con estilo, con catorce perros enganchados.
Ze dachten dat ze in stijl reisden, met veertien honden aan boord.
Habían visto trineos partir hacia Dawson y otros llegar desde allí.
Ze hadden sleeën naar Dawson zien vertrekken, en er kwamen er ook andere aan.
Pero nunca habían visto uno tirado por tantos catorce perros.
Maar ze hadden nog nooit gezien dat een dier door veertien honden werd voortgetrokken.
Había una razón por la que equipos como ese eran raros en el desierto del Ártico.
Er was een reden waarom zulke teams zeldzaam waren in de wildernis van het Noordpoolgebied.
Ningún trineo podría transportar suficiente comida para alimentar a catorce perros durante el viaje.
Geen enkele slee kon genoeg voedsel vervoeren om veertien honden tijdens de reis te voeden.
Pero Charles y Hal no lo sabían: habían hecho los cálculos.
Maar Charles en Hal wisten dat niet; ze hadden het al berekend.
Planificaron la comida: tanta cantidad por perro, tantos días, y listo.
Ze berekenden het eten: zoveel per hond, zoveel dagen, en klaar.
Mercedes miró sus figuras y asintió como si tuviera sentido.
Mercedes keek naar de cijfers en knikte alsof het logisch was.
Todo le parecía muy sencillo, al menos en el papel.
Het leek haar allemaal heel eenvoudig, althans op papier.

A la mañana siguiente, Buck guió al equipo lentamente por la calle nevada.

De volgende morgen leidde Buck het team langzaam door de besneeuwde straat.
No había energía ni espíritu en él ni en los perros detrás de él.
Er zat geen energie of enthousiasme in hem en de honden achter hem.
Estaban muertos de cansancio desde el principio: no les quedaban reservas.
Ze waren vanaf het begin al doodop, er was geen reserve meer over.
Buck ya había hecho cuatro viajes entre Salt Water y Dawson.
Buck had al vier keer tussen Salt Water en Dawson gereisd.
Ahora, enfrentado nuevamente el mismo desafío, no sentía nada más que amargura.
Nu hij hetzelfde pad weer moest bewandelen, voelde hij niets dan bitterheid.
Su corazón no estaba en ello, ni tampoco el corazón de los otros perros.
Zijn hart was er niet bij, en dat gold ook voor de harten van de andere honden.
Los nuevos perros eran tímidos y los huskies carecían de confianza.
De nieuwe honden waren schuw en de husky's hadden geen enkel vertrouwen.
Buck sintió que no podía confiar en estos dos hombres ni en su hermana.
Buck voelde dat hij niet op deze twee mannen of hun zus kon vertrouwen.
No sabían nada y no mostraron señales de aprender en el camino.
Ze wisten niets en gaven op het pad geen enkel teken van kennis.
Estaban desorganizados y carecían de cualquier sentido de disciplina.
Ze waren ongeorganiseerd en hadden geen enkel gevoel voor discipline.

Les tomó media noche montar un campamento descuidado cada vez.
Ze waren elke keer de halve nacht bezig om een slordig kamp op te zetten.
Y la mitad de la mañana siguiente la pasaron otra vez jugueteando con el trineo.
En de helft van de volgende ochtend waren ze weer aan het klooien met de slee.
Al mediodía, a menudo se detenían simplemente para arreglar la carga desigual.
Tegen de middag stopten ze vaak even om de ongelijkmatige lading te repareren.
Algunos días, viajaron menos de diez millas en total.
Op sommige dagen legden ze in totaal minder dan 16 kilometer af.
Otros días ni siquiera conseguían salir del campamento.
Op andere dagen lukte het hen helemaal niet om het kamp te verlaten.
Nunca llegaron a cubrir la distancia alimentaria planificada.
Ze hebben bij lange na niet de geplande voedselafstand kunnen overbruggen.
Como era de esperar, muy rápidamente se quedaron sin comida para los perros.
Zoals verwacht was er al snel te weinig voer voor de honden.
Empeoró las cosas sobrealimentándolos en los primeros días.
Ze maakten de situatie erger door in het begin te veel te voeren.
Esto acercaba la hambruna con cada ración descuidada.
Met elke onzorgvuldige rantsoenering kwam de hongersnood dichterbij.
Los nuevos perros no habían aprendido a sobrevivir con muy poco.
De nieuwe honden hadden nog niet geleerd om met heel weinig te overleven.
Comieron con hambre, con apetitos demasiado grandes para el camino.

Ze aten hongerig, hun eetlust was te groot voor de tocht.
Al ver que los perros se debilitaban, Hal creyó que la comida no era suficiente.
Toen Hal zag dat de honden zwakker werden, vond hij dat het eten niet genoeg was.
Duplicó las raciones, empeorando aún más el error.
Hij verdubbelde de rantsoenen en maakte de fout daardoor nog erger.
Mercedes añadió más problemas con lágrimas y suaves súplicas.
Mercedes maakte het probleem nog groter met tranen en zachte smeekbeden.
Cuando no pudo convencer a Hal, alimentó a los perros en secreto.
Toen ze Hal niet kon overtuigen, gaf ze in het geheim de honden te eten.
Ella robó de los sacos de pescado y se lo dio a sus espaldas.
Ze stal iets uit de zakken met vis en gaf het achter zijn rug om aan hen.
Pero lo que los perros realmente necesitaban no era más comida: era descanso.
Maar wat de honden werkelijk nodig hadden was niet meer eten, maar rust.
Iban a poca velocidad, pero el pesado trineo aún seguía avanzando.
Ze reden niet hard, maar de zware slee sleepte zich voort.
Ese peso solo les quitaba las fuerzas que les quedaban cada día.
Alleen al dat gewicht putte hun laatste krachten uit.
Luego vino la etapa de desalimentación ya que los suministros escasearon.
Toen kwam de fase van ondervoeding, omdat de voorraden schaarser werden.
Una mañana, Hal se dio cuenta de que la mitad de la comida para perros ya había desaparecido.
Op een ochtend realiseerde Hal zich dat de helft van het hondenvoer al op was.

Sólo habían recorrido una cuarta parte de la distancia total del recorrido.
Ze hadden pas een kwart van de totale afstand van het pad afgelegd.
No se podía comprar más comida por ningún precio que se ofreciera.
Er kon geen voedsel meer gekocht worden, welke prijs er ook geboden werd.
Redujo las raciones de los perros por debajo de la ración diaria estándar.
Hij verlaagde de porties voor de honden tot onder de dagelijkse standaardrantsoenering.
Al mismo tiempo, exigió viajes más largos para compensar las pérdidas.
Tegelijkertijd eiste hij een langere reis om het verlies te compenseren.
Mercedes y Carlos apoyaron este plan, pero fracasaron en su ejecución.
Mercedes en Charles steunden dit plan, maar de uitvoering mislukte.
Su pesado trineo y su falta de habilidad hicieron que el avance fuera casi imposible.
Hun zware slee en gebrek aan vaardigheid maakten vooruitgang vrijwel onmogelijk.
Era fácil dar menos comida, pero imposible forzar más esfuerzo.
Het was gemakkelijk om minder voedsel te geven, maar onmogelijk om meer inspanning te leveren.
No podían salir temprano ni tampoco viajar horas extras.
Ze konden niet eerder beginnen en ook niet extra uren reizen.
No sabían cómo trabajar con los perros, ni tampoco ellos mismos.
Ze wisten niet hoe ze met de honden moesten omgaan, en ze wisten ook niet hoe ze met zichzelf om moesten gaan.
El primer perro que murió fue Dub, el desafortunado pero trabajador ladrón.

De eerste hond die stierf was Dub, de ongelukkige maar hardwerkende dief.

Aunque a menudo lo castigaban, Dub había hecho su parte sin quejarse.

Hoewel Dub vaak werd gestraft, had hij zonder te klagen zijn steentje bijgedragen.

Su hombro lesionado empeoró sin cuidados ni necesidad de descanso.

Zijn geblesseerde schouder werd erger als hij niet verzorgd werd en geen rust kreeg.

Finalmente, Hal usó el revólver para acabar con el sufrimiento de Dub.

Uiteindelijk gebruikte Hal de revolver om Dubs lijden te beëindigen.

Un dicho común afirma que los perros normales mueren con raciones para perros esquimales.

Er bestaat een bekend gezegde dat normale honden sterven van husky-rantsoenen.

Los seis nuevos compañeros de Buck tenían sólo la mitad de la porción de comida del husky.

De zes nieuwe metgezellen van Buck kregen slechts de helft van het voedsel van de husky.

Primero murió el Terranova y después los tres bracos de pelo corto.

De Newfoundlander stierf als eerste, daarna de drie kortharige staande honden.

Los dos mestizos resistieron más tiempo pero finalmente perecieron como el resto.

De twee bastaarden hielden het langer vol maar gingen uiteindelijk, net als de rest, ten onder.

Para entonces, todas las comodidades y la dulzura de Southland habían desaparecido.

Op dat moment waren alle gemakken en de zachtheid van het Zuiden verdwenen.

Las tres personas habían perdido los últimos vestigios de su educación civilizada.

De drie personen hadden de laatste resten van hun beschaafde opvoeding afgelegd.
Despojado de glamour y romance, el viaje al Ártico se volvió brutalmente real.
Zonder enige glamour en romantiek werd reizen naar het Noordpoolgebied een brute realiteit.
Era una realidad demasiado dura para su sentido de masculinidad y feminidad.
Het was een realiteit die te hard was voor hun gevoel van mannelijkheid en vrouwelijkheid.
Mercedes ya no lloraba por los perros, ahora lloraba sólo por ella misma.
Mercedes huilde niet langer om de honden, maar alleen nog om zichzelf.
Pasó su tiempo llorando y peleando con Hal y Charles.
Ze bracht haar tijd huilend en ruziemakend met Hal en Charles door.
Pelear era lo único que nunca estaban demasiado cansados para hacer.
Ruziemaken was het enige waar ze nooit te moe voor waren.
Su irritabilidad surgió de la miseria, creció con ella y la superó.
Hun prikkelbaarheid ontstond uit ellende, groeide ermee en overwon het.
La paciencia del camino, conocida por quienes trabajan y sufren con bondad, nunca llegó.
Het geduld van de tocht, dat alleen zij kennen die hard werken en mild lijden, kwam nooit.
Esa paciencia que conserva dulce la palabra a pesar del dolor les era desconocida.
Dat geduld, dat het spreken zoet houdt ondanks de pijn, was hen onbekend.
No tenían ni un ápice de paciencia ni la fuerza que suponía sufrir con gracia.
Ze hadden geen enkel spoor van geduld, geen kracht geput uit het met gratie lijden.

Estaban rígidos por el dolor: les dolían los músculos, los huesos y el corazón.
Ze waren stijf van de pijn, het voelde pijn in hun spieren, botten en hart.
Por eso se volvieron afilados de lengua y rápidos para usar palabras ásperas.
Daardoor werden ze scherp van tong en snel met harde woorden.
Cada día comenzaba y terminaba con voces enojadas y amargas quejas.
Elke dag begon en eindigde met boze stemmen en bittere klachten.
Charles y Hal discutían cada vez que Mercedes les daba una oportunidad.
Charles en Hal begonnen te ruziën wanneer Mercedes hen de kans gaf.
Cada hombre creía que hacía más de lo que le correspondía en el trabajo.
Beide mannen waren ervan overtuigd dat zij meer dan hun eerlijke deel van het werk hadden gedaan.
Ninguno de los dos perdió la oportunidad de decirlo una y otra vez.
En ze lieten allebei geen kans onbenut om dat steeds weer te zeggen.
A veces Mercedes se ponía del lado de Charles, a veces del lado de Hal.
Soms koos Mercedes de kant van Charles, soms die van Hal.
Esto dio lugar a una gran e interminable disputa entre los tres.
Dit leidde tot een grote, eindeloze ruzie tussen de drie.
Una disputa sobre quién debería cortar leña se salió de control.
Er ontstond een dispuut over wie het brandhout mocht hakken.
Pronto se nombraron padres, madres, primos y parientes muertos.

Al snel werden ook de namen van vaders, moeders, neven, nichten en overleden familieleden genoemd.

Las opiniones de Hal sobre el arte o las obras de su tío se convirtieron en parte de la pelea.

De mening van Hal over kunst of de toneelstukken van zijn oom speelden een rol in de strijd.

Las creencias políticas de Charles también entraron en el debate.

Ook de politieke opvattingen van Karel kwamen ter sprake.

Para Mercedes, incluso los chismes de la hermana de su marido parecían relevantes.

Voor Mercedes leken zelfs de roddels van de zus van haar man relevant.

Ella expresó sus opiniones sobre eso y sobre muchos de los defectos de la familia de Charles.

Ze uitte haar mening hierover en over veel van de gebreken van Charles' familie.

Mientras discutían, el fuego permaneció apagado y el campamento medio montado.

Terwijl ze ruzieden, bleef het vuur uit en het kamp half bezet.

Mientras tanto, los perros permanecieron fríos y sin comida.

Ondertussen bleven de honden koud en zonder voedsel.

Mercedes tenía un motivo de queja que consideraba profundamente personal.

Mercedes koesterde een grief die zij als zeer persoonlijk beschouwde.

Se sintió maltratada como mujer, negándole sus privilegios de gentileza.

Ze voelde zich als vrouw slecht behandeld en haar privileges werden haar ontzegd.

Ella era bonita y dulce, y acostumbrada a la caballerosidad toda su vida.

Ze was mooi en zacht, en was haar hele leven hoffelijk.

Pero su marido y su hermano ahora la trataban con impaciencia.

Maar haar man en broer behandelden haar nu met ongeduld.

Su costumbre era actuar con impotencia y comenzaron a quejarse.
Ze had de gewoonte zich hulpeloos te gedragen en ze begonnen te klagen.
Ofendida por esto, les hizo la vida aún más difícil.
Ze voelde zich hierdoor beledigd en maakte hun leven alleen maar moeilijker.
Ella ignoró a los perros e insistió en montar ella misma el trineo.
Ze negeerde de honden en stond erop zelf op de slee te rijden.
Aunque parecía ligera de aspecto, pesaba ciento veinte libras.
Hoewel ze er licht uitzag, woog ze 48 kilo.
Esa carga adicional era demasiado para los perros hambrientos y débiles.
Die extra last was te zwaar voor de uitgehongerde, zwakke honden.
Aún así, ella cabalgó durante días, hasta que los perros se desplomaron en las riendas.
Toch bleef ze dagenlang rijden, totdat de honden het begaven in de teugels.
El trineo se detuvo y Charles y Hal le rogaron que caminara.
De slee bleef stilstaan en Charles en Hal smeekten haar om te lopen.
Ellos suplicaron y rogaron, pero ella lloró y los llamó crueles.
Ze smeekten en smeekten, maar zij huilde en noemde hen wreed.
En una ocasión la sacaron del trineo con pura fuerza y enojo.
Op een gegeven moment trokken ze haar met grote kracht en woede van de slee.
Nunca volvieron a intentarlo después de lo que pasó aquella vez.
Na wat er toen gebeurde, hebben ze het nooit meer geprobeerd.
Ella se quedó flácida como un niño mimado y se sentó en la nieve.

Ze werd slap als een verwend kind en zat in de sneeuw.
Ellos siguieron adelante, pero ella se negó a levantarse o seguirlos.
Ze gingen verder, maar zij weigerde op te staan of haar te volgen.
Después de tres millas, se detuvieron, regresaron y la llevaron de regreso.
Na vijf kilometer stopten ze, keerden terug en droegen haar terug.
La volvieron a cargar en el trineo, nuevamente usando la fuerza bruta.
Ze laadden haar weer op de slee, wederom met brute kracht.
En su profunda miseria, fueron insensibles al sufrimiento de los perros.
In hun diepe ellende waren ze ongevoelig voor het lijden van de honden.
Hal creía que uno debía endurecerse y forzar esa creencia a los demás.
Hal geloofde dat je verhard moest worden en hij drong dat geloof ook aan anderen op.
Primero intentó predicar su filosofía a su hermana.
Hij probeerde eerst zijn filosofie aan zijn zus te prediken
y luego, sin éxito, le predicó a su cuñado.
en vervolgens preekte hij zonder succes tegen zijn zwager.
Tuvo más éxito con los perros, pero sólo porque los lastimaba.
Hij had meer succes met de honden, maar dat kwam alleen doordat hij ze pijn deed.
En Five Fingers, la comida para perros se quedó completamente sin comida.
Bij Five Fingers was het hondenvoer helemaal op.
Una vieja india desdentada vendió unas cuantas libras de cuero de caballo congelado
Een tandeloze oude squaw verkocht een paar kilo bevroren paardenhuid
Hal cambió su revólver por la piel de caballo seca.
Hal ruilde zijn revolver voor het gedroogde paardenhuid.

La carne había procedido de caballos hambrientos de ganaderos meses antes.
Het vlees was afkomstig van uitgehongerde paarden van veehouders die maanden eerder waren gestorven.

Congelada, la piel era como hierro galvanizado: dura y incomestible.
Bevroren leek het vel op gegalvaniseerd ijzer: taai en oneetbaar.

Los perros tenían que masticar sin parar la piel para poder comérsela.
De honden moesten eindeloos op de huid kauwen om deze op te eten.

Pero las cuerdas correosas y el pelo corto no constituían apenas alimento.
Maar de leerachtige touwtjes en het korte haar waren nauwelijks voedsel.

La mayor parte de la piel era irritante y no era alimento en ningún sentido estricto.
Het grootste deel van de huid was irriterend en absoluut geen voedsel.

Y durante todo ese tiempo, Buck se tambaleaba al frente, como en una pesadilla.
En ondanks alles bleef Buck strompelend vooraan lopen, als in een nachtmerrie.

Tiraba cuando podía, y cuando no, se quedaba tendido hasta que un látigo o un garrote lo levantaban.
Als hij kon trekken, dan bleef hij liggen tot hij met een zweep of knuppel werd opgetild.

Su fino y brillante pelaje había perdido toda la rigidez y brillo que alguna vez tuvo.
Zijn mooie, glanzende vacht was volledig stijf en glanzend geworden.

Su cabello colgaba lacio, enmarañado y cubierto de sangre seca por los golpes.
Zijn haar hing slap en in de war, vol met opgedroogd bloed van de slagen.

Sus músculos se encogieron hasta convertirse en cuerdas y sus almohadillas de carne estaban todas desgastadas.
Zijn spieren krompen tot koorden en zijn vleeskussentjes waren allemaal weggesleten.

Cada costilla, cada hueso se veía claramente a través de los pliegues de la piel arrugada.
Elke rib, elk bot was duidelijk zichtbaar door de plooien van de gerimpelde huid.

Fue desgarrador, pero el corazón de Buck no podía romperse.
Het was hartverscheurend, maar Bucks hart kon niet breken.

El hombre del suéter rojo lo había probado y demostrado hacía mucho tiempo.
De man in de rode trui had dat al lang geleden getest en bewezen.

Tal como sucedió con Buck, sucedió con el resto de sus compañeros de equipo.
En net als bij Buck, gold dat ook voor al zijn overgebleven teamgenoten.

Eran siete en total, cada uno de ellos un esqueleto andante de miseria.
Er waren er in totaal zeven. Elk exemplaar was een wandelend skelet van ellende.

Se habían vuelto insensibles a los latigazos y solo sentían un dolor distante.
Ze waren verdoofd door de zweepslagen en voelden alleen nog maar pijn in de verte.

Incluso la vista y el sonido les llegaban débilmente, como a través de una espesa niebla.
Zelfs het zicht en het gehoor bereikten hen vaag, als door een dichte mist.

No estaban ni medio vivos: eran huesos con tenues chispas en su interior.
Ze waren niet half levend - het waren botten met vage vonken erin.

Al detenerse, se desplomaron como cadáveres y sus chispas casi desaparecieron.

Toen ze tot stilstand kwamen, stortten ze in elkaar als lijken, de vonken waren bijna verdwenen.

Y cuando el látigo o el garrote volvían a golpear, las chispas revoloteaban débilmente.

En als de zweep of de knuppel weer sloeg, dan spatten de vonken er zachtjes vanaf.

Entonces se levantaron, se tambalearon hacia adelante y arrastraron sus extremidades hacia delante.

Toen stonden ze op, wankelden naar voren en sleepten hun ledematen vooruit.

Un día el amable Billee se cayó y ya no pudo levantarse.

Op een dag viel lieve Billee en kon helemaal niet meer opstaan.

Hal había cambiado su revólver, por lo que utilizó un hacha para matar a Billee.

Hal had zijn revolver geruild, dus gebruikte hij een bijl om Billee te doden.

Lo golpeó en la cabeza, luego le cortó el cuerpo y se lo llevó arrastrado.

Hij sloeg hem op het hoofd, sneed vervolgens zijn lichaam los en sleepte het weg.

Buck vio esto, y también los demás; sabían que la muerte estaba cerca.

Buck zag dit, en de anderen ook; zij wisten dat de dood nabij was.

Al día siguiente Koona se fue, dejando sólo cinco perros en el equipo hambriento.

De volgende dag vertrok Koona en liet slechts vijf honden achter in het uitgehongerde team.

Joe, que ya no era malo, estaba demasiado perdido como para darse cuenta de gran cosa.

Joe, die niet langer gemeen was, was te ver heen om zich nog ergens van bewust te zijn.

Pike, que ya no fingía su lesión, estaba apenas consciente.

Pike veinsde niet langer dat hij gewond was en was nauwelijks bij bewustzijn.

Solleks, todavía fiel, lamentó no tener fuerzas para dar.

Solleks, die nog steeds trouw was, betreurde dat hij geen kracht meer had om te geven.

Teek fue el que más perdió porque estaba más fresco, pero su rendimiento se estaba agotando rápidamente.

Teek werd het vaakst verslagen omdat hij frisser was, maar hij ging snel achteruit.

Y Buck, todavía a la cabeza, ya no mantenía el orden ni lo hacía cumplir.

En Buck, die nog steeds aan kop lag, hield de orde niet meer in stand en handhaafde die ook niet meer.

Medio ciego por la debilidad, Buck siguió el rastro sólo por el tacto.

Buck was half blind door zwakte en volgde het spoor alleen op gevoel.

Era un hermoso clima primaveral, pero ninguno de ellos lo notó.

Het was prachtig lenteweer, maar niemand merkte dat.

Cada día el sol salía más temprano y se ponía más tarde que el anterior.

Elke dag kwam de zon eerder op en ging later onder dan voorheen.

A las tres de la mañana ya había amanecido; el crepúsculo duró hasta las nueve.

Om drie uur in de ochtend begon het te schemeren. Het bleef tot negen uur schemeren.

Los largos días estuvieron llenos del resplandor del sol primaveral.

De lange dagen werden gevuld met de volle gloed van de lentezon.

El silencio fantasmal del invierno se había transformado en un cálido murmullo.

De spookachtige stilte van de winter was veranderd in een warm gemompel.

Toda la tierra estaba despertando, viva con la alegría de los seres vivos.

Het hele land ontwaakte, vol vreugde van levende wezens.

El sonido provenía de lo que había permanecido muerto e inmóvil durante el invierno.
Het geluid kwam van wat de hele winter dood en stil had gelegen.
Ahora, esas cosas se movieron nuevamente, sacudiéndose el largo sueño helado.
Nu bewogen de dingen weer en schudden de lange vorstslaap van zich af.
La savia subía a través de los oscuros troncos de los pinos que esperaban.
Sap steeg op door de donkere stammen van de wachtende dennenbomen.
Los sauces y los álamos brotan brillantes y jóvenes brotes en cada ramita.
Wilgen en espen krijgen aan elk twijgje jonge, helder gekleurde knoppen.
Los arbustos y las enredaderas se vistieron de un verde fresco a medida que el bosque cobraba vida.
Struiken en wijnranken kleurden frisgroen toen het bos tot leven kwam.
Los grillos cantaban por la noche y los insectos se arrastraban bajo el sol del día.
's Nachts tjirpten krekels en overdag kropen insecten in de zon.
Las perdices graznaban y los pájaros carpinteros picoteaban en lo profundo de los árboles.
Patrijzen schreeuwden en spechten klopten diep in de bomen.
Las ardillas parloteaban, los pájaros cantaban y los gansos graznaban al hablarles a los perros.
Eekhoorns kwetterden, vogels zongen en ganzen jaagden op de honden.
Las aves silvestres llegaron en grupos afilados, volando desde el sur.
De wilde vogels kwamen in scherpe wiggen aanvliegen vanuit het zuiden.
De cada ladera llegaba la música de arroyos ocultos y caudalosos.

Van iedere heuvel klonk de muziek van verborgen, stromende beekjes.
Todas las cosas se descongelaron y se rompieron, se doblaron y volvieron a ponerse en movimiento.
Alles ontdooide en knapte, boog door en kwam weer in beweging.
El Yukón se esforzó por romper las frías cadenas del hielo congelado.
De Yukon deed zijn best om de koudeketens van bevroren ijs te verbreken.
El hielo se derritió desde abajo, mientras que el sol lo derritió desde arriba.
Het ijs smolt aan de onderkant, terwijl de zon het aan de bovenkant deed smelten.
Se abrieron agujeros de aire, se abrieron grietas y algunos trozos cayeron al río.
Er ontstonden luchtgaten, er ontstonden scheuren en stukken materiaal vielen in de rivier.
En medio de toda esta vida frenética y llameante, los viajeros se tambaleaban.
Te midden van al dit bruisende en brandende leven, waggelden de reizigers.
Dos hombres, una mujer y una jauría de perros esquimales caminaban como muertos.
Twee mannen, een vrouw en een roedel husky's liepen als doden.
Los perros caían, Mercedes lloraba, pero seguía montando el trineo.
De honden vielen, Mercedes huilde, maar bleef toch op de slee rijden.
Hal maldijo débilmente y Charles parpadeó con los ojos llorosos.
Hal vloekte zwakjes en Charles knipperde met zijn tranende ogen.
Se toparon con el campamento de John Thornton junto a la desembocadura del río Blanco.

Ze kwamen het kamp van John Thornton tegen bij de monding van de White River.

Cuando se detuvieron, los perros cayeron al suelo, como si todos hubieran muerto.

Toen ze stopten, vielen de honden plat op de grond, alsof ze allemaal dood waren.

Mercedes se secó las lágrimas y miró a John Thornton.

Mercedes veegde haar tranen weg en keek naar John Thornton.

Charles se sentó en un tronco, lenta y rígidamente, dolorido por el camino.

Charles zat traag en stijf op een boomstam, met pijn van het pad.

Hal habló mientras Thornton tallaba el extremo del mango de un hacha.

Hal voerde het woord terwijl Thornton het uiteinde van een bijlsteel uithakte.

Él tallaba madera de abedul y respondía con respuestas breves y firmes.

Hij sneed berkenhout en antwoordde met korte, krachtige antwoorden.

Cuando se le preguntó, dio consejos, seguro de que no serían seguidos.

Toen hem ernaar werd gevraagd, gaf hij advies, ook al was hij er zeker van dat dit advies toch niet opgevolgd zou worden.

Hal explicó: "Nos dijeron que el hielo del sendero se estaba desprendiendo".

Hal legde uit: "Ze vertelden ons dat het ijs op de paden aan het afnemen was."

Dijeron que nos quedáramos allí, pero llegamos a White River.

"Ze zeiden dat we moesten blijven, maar we hebben White River bereikt."

Terminó con un tono burlón, como para proclamar la victoria en medio de las dificultades.

Hij eindigde met een spottende toon, alsof hij de overwinning ondanks alle tegenslagen wilde claimen.

—Y te dijeron la verdad —respondió John Thornton a Hal en voz baja.

"En ze hebben je de waarheid verteld," antwoordde John Thornton zachtjes aan Hal.

"El hielo puede ceder en cualquier momento; está a punto de desprenderse".

"Het ijs kan elk moment bezwijken – het staat op het punt eruit te vallen."

"Solo la suerte ciega y los tontos pudieron haber llegado tan lejos con vida".

"Alleen blind geluk en dwazen hadden het zo ver kunnen schoppen."

"Te lo digo directamente: no arriesgaría mi vida ni por todo el oro de Alaska".

"Ik zeg je eerlijk: ik zou mijn leven niet riskeren voor al het goud van Alaska."

—Supongo que es porque no eres tonto —respondió Hal.

"Dat komt omdat je niet dom bent, denk ik," antwoordde Hal.

—De todos modos, seguiremos hasta Dawson. —Desenrolló el látigo.

"Maar goed, we gaan door naar Dawson." Hij rolde zijn zweep af.

—¡Sube, Buck! ¡Hola! ¡Sube! ¡Vamos! —gritó con dureza.

"Kom daar, Buck! Hoi! Sta op! Ga door!" riep hij hard.

Thornton siguió tallando madera, sabiendo que los tontos no escucharían razones.

Thornton bleef snijden, wetende dat dwazen niet naar rede luisteren.

Detener a un tonto era inútil, y dos o tres tontos no cambiaban nada.

Het was zinloos om een dwaas te stoppen, en twee of drie dwazen veranderden niets.

Pero el equipo no se movió ante la orden de Hal.

Maar het team kwam niet in beweging toen ze Hals bevel hoorden.

A estas alturas, sólo los golpes podían hacerlos levantarse y avanzar.

Nu konden ze alleen nog met klappen omhoog komen en vooruit worden getrokken.

El látigo golpeó una y otra vez a los perros debilitados.
De zweep sloeg steeds weer tegen de verzwakte honden.

John Thornton apretó los labios con fuerza y observó en silencio.
John Thornton klemde zijn lippen op elkaar en keek zwijgend toe.

Solleks fue el primero en ponerse de pie bajo el látigo.
Solleks was de eerste die onder de zweep overeind kroop.

Entonces Teek lo siguió, temblando. Joe gritó al tambalearse.
Toen volgde Teek, trillend. Joe gilde terwijl hij overeind kwam.

Pike intentó levantarse, falló dos veces y finalmente se mantuvo en pie, tambaleándose.
Pike probeerde overeind te komen, maar het lukte hem twee keer niet en uiteindelijk bleef hij wankel staan.

Pero Buck yacía donde había caído, sin moverse en absoluto este momento.
Maar Buck bleef liggen waar hij was gevallen, en bewoog deze keer helemaal niet.

El látigo lo golpeaba una y otra vez, pero él no emitía ningún sonido.
De zweep sloeg hem herhaaldelijk, maar hij maakte geen enkel geluid.

Él no se inmutó ni se resistió, simplemente permaneció quieto y en silencio.
Hij deinsde niet terug en verzette zich niet. Hij bleef gewoon stil en rustig.

Thornton se movió más de una vez, como si fuera a hablar, pero no lo hizo.
Thornton bewoog zich meermaals, alsof hij wilde spreken, maar deed dat niet.

Sus ojos se humedecieron y el látigo siguió golpeando contra Buck.
Zijn ogen werden vochtig en de zweep bleef tegen Buck knallen.

Finalmente, Thornton comenzó a caminar lentamente, sin saber qué hacer.
Uiteindelijk begon Thornton langzaam heen en weer te lopen, onzeker over wat hij moest doen.
Era la primera vez que Buck fallaba y Hal se puso furioso.
Het was de eerste keer dat Buck faalde en Hal werd woedend.
Dejó el látigo y en su lugar tomó el pesado garrote.
Hij gooide de zweep neer en pakte in plaats daarvan de zware knuppel op.
El palo de madera cayó con fuerza, pero Buck todavía no se levantó para moverse.
De houten knuppel kwam hard neer, maar Buck kwam nog steeds niet overeind.
Al igual que sus compañeros de equipo, era demasiado débil, pero más que eso.
Net als zijn teamgenoten was hij te zwak, maar meer dan dat.
Buck había decidido no moverse, sin importar lo que sucediera después.
Buck had besloten om niet te verhuizen, wat er ook zou gebeuren.
Sintió algo oscuro y seguro flotando justo delante.
Hij voelde iets donkers en zekers vlak voor zich zweven.
Ese miedo se apoderó de él tan pronto como llegó a la orilla del río.
Die angst had hem bevangen zodra hij de oever van de rivier bereikte.
La sensación no lo había abandonado desde que sintió el hielo fino bajo sus patas.
Het gevoel was niet meer verdwenen sinds hij het ijs onder zijn poten dun voelde worden.
Algo terrible lo esperaba; lo sintió más allá del camino.
Er stond hem iets verschrikkelijks te wachten. Hij voelde het verderop op het pad.
No iba a caminar hacia esa cosa terrible que había delante.
Hij zou niet naar dat vreselijke ding voor zich toe lopen
Él no iba a obedecer ninguna orden que lo llevara a esa cosa.
Hij zou geen enkel bevel opvolgen dat hem daarheen bracht.

El dolor de los golpes apenas lo afectaba ahora: estaba demasiado lejos.
De pijn van de slagen deed hem nauwelijks nog pijn; hij was te ver heen.
La chispa de la vida parpadeaba débilmente y se apagaba bajo cada golpe cruel.
De vonk van het leven flikkerde zwakjes en doofde onder elke wrede klap.
Sus extremidades se sentían distantes; su cuerpo entero parecía pertenecer a otro.
Zijn ledematen voelden afstandelijk aan; zijn hele lichaam leek wel van iemand anders.
Sintió un extraño entumecimiento mientras el dolor desapareció por completo.
Hij voelde een vreemde verdoving terwijl de pijn volledig verdween.
Desde lejos, sentía que lo golpeaban, pero apenas lo sabía.
Hij voelde al van ver dat hij geslagen werd, maar hij besefte het nauwelijks.
Podía oír los golpes débilmente, pero ya no dolían realmente.
Hij kon de doffe geluiden nog vaag horen, maar ze deden niet echt pijn meer.
Los golpes dieron en el blanco, pero su cuerpo ya no parecía el suyo.
De klappen waren raak, maar zijn lichaam voelde niet langer als het zijne.
Entonces, de repente y sin previo aviso, John Thornton lanzó un grito salvaje.
Toen, plotseling, zonder waarschuwing, gaf John Thornton een wilde kreet.
Era un grito inarticulado, más el grito de una bestia que el de un hombre.
Het klonk onverstaanbaar, meer als de schreeuw van een dier dan van een mens.
Saltó hacia el hombre con el garrote y tiró a Hal hacia atrás.

Hij sprong op de man met de knuppel af en sloeg Hal achterover.
Hal voló como si lo hubiera golpeado un árbol y aterrizó con fuerza en el suelo.
Hal vloog door de lucht alsof hij door een boom was geraakt en landde hard op de grond.
Mercedes gritó en pánico y se llevó las manos a la cara.
Mercedes schreeuwde luid van paniek en greep naar haar gezicht.
Charles se limitó a mirar, se secó los ojos y permaneció sentado.
Charles keek alleen maar toe, veegde zijn tranen af en bleef zitten.
Su cuerpo estaba demasiado rígido por el dolor para levantarse o ayudar en la pelea.
Zijn lichaam was te stijf van de pijn om op te staan of mee te vechten.
Thornton se quedó de pie junto a Buck, temblando de furia, incapaz de hablar.
Thornton stond boven Buck, trillend van woede, en kon niet spreken.
Se estremeció de rabia y luchó por encontrar su voz a través de ella.
Hij beefde van woede en probeerde er zijn stem doorheen te vinden.
—Si vuelves a golpear a ese perro, te mataré —dijo finalmente.
"Als je die hond nog een keer slaat, maak ik je af," zei hij uiteindelijk.
Hal se limpió la sangre de la boca y volvió a avanzar.
Hal veegde het bloed uit zijn mond en kwam weer naar voren.
—Es mi perro —murmuró—. ¡Quítate del medio o te curaré!
"Het is mijn hond," mompelde hij. "Ga uit de weg, of ik maak je af."
"Voy a Dawson y no me lo vas a impedir", añadió.
"Ik ga naar Dawson, en jij houdt me niet tegen," voegde hij toe.
Thornton se mantuvo firme entre Buck y el joven enojado.

Thornton stond stevig tussen Buck en de boze jongeman.
No tenía intención de hacerse a un lado o dejar pasar a Hal.
Hij had niet de intentie om opzij te stappen of Hal te laten passeren.
Hal sacó su cuchillo de caza, largo y peligroso en la mano.
Hal haalde zijn jachtmes tevoorschijn, lang en gevaarlijk in zijn hand.
Mercedes gritó, luego lloró y luego rió con una histeria salvaje.
Mercedes schreeuwde, huilde en lachte toen uitzinnig van woede.
Thornton golpeó la mano de Hal con el mango de su hacha, fuerte y rápido.
Thornton sloeg Hal hard en snel met de steel van zijn bijl op zijn hand.
El cuchillo se soltó del agarre de Hal y voló al suelo.
Het mes schoot los uit Hals greep en vloog op de grond.
Hal intentó recoger el cuchillo y Thornton volvió a golpearle los nudillos.
Hal probeerde het mes op te pakken, maar Thornton sloeg opnieuw met zijn knokkels.
Entonces Thornton se agachó, agarró el cuchillo y lo sostuvo.
Toen boog Thornton zich voorover, pakte het mes en hield het vast.
Con dos rápidos golpes del mango del hacha, cortó las riendas de Buck.
Met twee snelle klappen met de bijlsteel sneed hij Bucks teugels door.
Hal ya no tenía fuerzas para luchar y se apartó del perro.
Hal had geen enkele strijdlust meer en deed een stap achteruit, weg van de hond.
Además, Mercedes necesitaba ahora ambos brazos para mantenerse erguida.
Bovendien had Mercedes nu beide armen nodig om overeind te blijven.
Buck estaba demasiado cerca de la muerte como para volver a ser útil para tirar de un trineo.

Buck was te dicht bij de dood om nog langer een slee te kunnen trekken.
Unos minutos después, se marcharon y se dirigieron río abajo.
Een paar minuten later vertrokken ze en voeren de rivier af.
Buck levantó la cabeza débilmente y los observó mientras salían del banco.
Buck hief zwakjes zijn hoofd op en keek toe hoe ze de oever verlieten.
Pike lideró el equipo, con Solleks en la parte trasera, al volante.
Pike leidde het team, met Solleks achteraan op de wielbasis.
Joe y Teek caminaron entre ellos, ambos cojeando por el cansancio.
Joe en Teek liepen ertussen, beiden mank van vermoeidheid.
Mercedes se sentó en el trineo y Hal agarró el largo palo.
Mercedes zat op de slee en Hal greep de lange gee-stok vast.
Charles se tambaleó detrás, sus pasos torpes e inseguros.
Charles strompelde achter hen aan, zijn stappen waren onhandig en onzeker.
Thornton se arrodilló junto a Buck y buscó con delicadeza los huesos rotos.
Thornton knielde naast Buck en voelde voorzichtig naar gebroken botten.
Sus manos eran ásperas pero se movían con amabilidad y cuidado.
Zijn handen waren ruw, maar hij bewoog ze met vriendelijkheid en zorg.
El cuerpo de Buck estaba magullado pero no mostraba lesiones duraderas.
Bucks lichaam was gekneusd maar vertoonde geen blijvende schade.
Lo que quedó fue un hambre terrible y una debilidad casi total.
Wat overbleef was verschrikkelijke honger en bijna totale zwakte.

Cuando esto quedó claro, el trineo ya había avanzado mucho río abajo.
Tegen de tijd dat dit duidelijk werd, was de slee al een heel eind stroomafwaarts gevaren.
El hombre y el perro observaron cómo el trineo se deslizaba lentamente sobre el hielo agrietado.
Man en hond keken toe hoe de slee langzaam over het krakende ijs kroop.
Luego vieron que el trineo se hundía en un hueco.
Toen zagen ze de slee in een holte zakken.
El mástil voló hacia arriba, con Hal todavía aferrándose a él en vano.
De paal vloog omhoog, terwijl Hal zich er nog steeds tevergeefs aan vastklampte.
El grito de Mercedes les llegó a través de la fría distancia.
De schreeuw van Mercedes bereikte hen over de koude afstand.
Charles se giró y dio un paso atrás, pero ya era demasiado tarde.
Charles draaide zich om en deed een stap achteruit, maar het was te laat.
Una capa de hielo entera cedió y todos ellos cayeron al suelo.
Een hele ijskap bezweek en ze zakten er allemaal doorheen.
Los perros, los trineos y las personas desaparecieron en el agua negra que había debajo.
Honden, sleeën en mensen verdwenen in het zwarte water.
En el hielo por donde habían pasado sólo quedaba un amplio agujero.
Op de plek waar ze waren gepasseerd, was alleen een groot gat in het ijs overgebleven.
El sendero se había hundido por completo, tal como Thornton había advertido.
Het pad liep naar beneden, precies zoals Thornton had gewaarschuwd.
Thornton y Buck se miraron el uno al otro y guardaron silencio por un momento.

Thornton en Buck keken elkaar aan en bleven een moment zwijgen.
—Pobre diablo —dijo Thornton suavemente, y Buck le lamió la mano.
"Jij arme duivel," zei Thornton zachtjes, en Buck likte zijn hand.

Por el amor de un hombre
Voor de liefde van een man

John Thornton se congeló los pies en el frío del diciembre anterior.
John Thornton had last van bevroren voeten in de kou van de voorgaande decembermaand.
Sus compañeros lo hicieron sentir cómodo y lo dejaron recuperarse solo.
Zijn partners stelden hem op zijn gemak en lieten hem alleen herstellen.
Subieron al río para recoger una balsa de troncos para aserrar para Dawson.
Ze gingen de rivier op om een vlot met zaagblokken voor Dawson te verzamelen.
Todavía cojeaba ligeramente cuando rescató a Buck de la muerte.
Hij liep nog een beetje mank toen hij Buck van de dood redde.
Pero como el clima cálido continuó, incluso esa cojera desapareció.
Maar toen het warmer werd, verdween zelfs die mankement.
Durante los largos días de primavera, Buck descansaba a orillas del río.
Tijdens de lange lentedagen lag Buck te rusten aan de oever van de rivier.
Observó el agua fluir y escuchó a los pájaros y a los insectos.
Hij keek naar het stromende water en luisterde naar de vogels en insecten.
Lentamente, Buck recuperó su fuerza bajo el sol y el cielo.
Langzaam kwam Buck weer op krachten onder de zon en de hemel.
Un descanso fue maravilloso después de viajar tres mil millas.
Na drieduizend mijl gereisd te hebben, was het heerlijk om even uit te rusten.
Buck se volvió perezoso a medida que sus heridas sanaban y su cuerpo se llenaba.

Buck werd lui terwijl zijn wonden genazen en zijn lichaam voller werd.
Sus músculos se reafirmaron y la carne volvió a cubrir sus huesos.
Zijn spieren werden sterker en zijn botten werden weer bedekt met vlees.
Todos estaban descansando: Buck, Thornton, Skeet y Nig.
Ze waren allemaal aan het rusten: Buck, Thornton, Skeet en Nig.
Esperaron la balsa que los llevaría a Dawson.
Ze wachtten op het vlot dat hen naar Dawson zou brengen.
Skeet era un pequeño setter irlandés que se hizo amigo de Buck.
Skeet was een kleine Ierse setter die vriendschap sloot met Buck.
Buck estaba demasiado débil y enfermo para resistirse a ella en su primer encuentro.
Buck was te zwak en ziek om haar tijdens hun eerste ontmoeting te weerstaan.
Skeet tenía el rasgo de sanador que algunos perros poseen naturalmente.
Skeet had de helende eigenschap die sommige honden van nature bezitten.
Como una gata madre, lamió y limpió las heridas abiertas de Buck.
Als een moederkat likte en maakte ze Bucks open wonden schoon.
Todas las mañanas, después del desayuno, repetía su minucioso trabajo.
Iedere ochtend na het ontbijt herhaalde ze haar zorgvuldige werk.
Buck llegó a esperar su ayuda tanto como la de Thornton.
Buck verwachtte net zo veel hulp van haar als van Thornton.
Nig también era amigable, pero menos abierto y menos cariñoso.
Nig was ook vriendelijk, maar minder open en minder aanhankelijk.

Nig era un perro grande y negro, mitad sabueso y mitad lebrel.
Nig was een grote zwarte hond, half bloedhond en half deerhound.

Tenía ojos sonrientes y un espíritu bondadoso sin límites.
Hij had lachende ogen en een eindeloos goed karakter.

Para sorpresa de Buck, ninguno de los perros mostró celos hacia él.
Tot Bucks verbazing toonde geen van beide honden jaloezie jegens hem.

Tanto Skeet como Nig compartieron la amabilidad de John Thornton.
Zowel Skeet als Nig waren net zo vriendelijk als John Thornton.

A medida que Buck se hacía más fuerte, lo atrajeron hacia juegos de perros tontos.
Naarmate Buck sterker werd, verleidden ze hem tot domme hondenspelletjes.

Thornton también jugaba a menudo con ellos, incapaz de resistirse a su alegría.
Thornton speelde ook vaak met hen, hij kon hun vreugde niet weerstaan.

De esta manera lúdica, Buck pasó de la enfermedad a una nueva vida.
Op deze speelse manier ging Buck van zijn ziekte over naar een nieuw leven.

El amor, el amor verdadero, ardiente y apasionado, finalmente era suyo.
Eindelijk was de liefde aan hem toegekomen: ware, brandende en hartstochtelijke liefde.

Nunca había conocido ese tipo de amor en la finca de Miller.
Deze vorm van liefde had hij op Millers landgoed nog nooit meegemaakt.

Con los hijos del Juez había compartido trabajo y aventuras.
Met de zonen van de rechter deelde hij werk en avontuur.

En los nietos vio un orgullo rígido y jactancioso.
Bij de kleinzonen zag hij een stijve en opschepperige trots.

Con el propio juez Miller mantuvo una amistad respetuosa.
Met rechter Miller zelf had hij een respectvolle vriendschap.
Pero el amor que era fuego, locura y adoración llegó con Thornton.
Maar met Thornton kwam ook de liefde die vuur, waanzin en aanbidding was.
Este hombre había salvado la vida de Buck, y eso solo significaba mucho.
Deze man had Bucks leven gered, en dat alleen al betekende veel.
Pero más que eso, John Thornton era el tipo de maestro ideal.
Maar belangrijker nog, John Thornton was de ideale meester.
Otros hombres cuidaban perros por obligación o necesidad laboral.
Andere mannen zorgden voor honden uit plichtsbesef of uit zakelijke noodzaak.
John Thornton cuidaba a sus perros como si fueran sus hijos.
John Thornton zorgde voor zijn honden alsof het zijn kinderen waren.
Él se preocupaba por ellos porque los amaba y simplemente no podía evitarlo.
Hij gaf om hen omdat hij van hen hield en hij kon er niets aan doen.
John Thornton vio incluso más lejos de lo que la mayoría de los hombres lograron ver.
John Thornton zag nog verder dan de meeste mensen ooit konden zien.
Nunca se olvidó de saludarlos amablemente o decirles alguna palabra de aliento.
Hij vergat nooit hen vriendelijk te begroeten of een opbeurend woord te spreken.
Le encantaba sentarse con los perros para tener largas charlas, o "gases", como él decía.
Hij hield ervan om lang met de honden te zitten praten, of 'gassy' te zijn, zoals hij het zelf noemde.

Le gustaba agarrar bruscamente la cabeza de Buck entre sus fuertes manos.
Hij hield ervan Bucks hoofd ruw tussen zijn sterke handen te grijpen.
Luego apoyó su cabeza contra la de Buck y lo sacudió suavemente.
Toen legde hij zijn hoofd tegen dat van Buck en schudde hem zachtjes.
Mientras tanto, él llamaba a Buck con nombres groseros que significaban amor para Buck.
Ondertussen schold hij Buck uit voor grove dingen, terwijl hij voor hem juist liefde bedoelde.
Para Buck, ese fuerte abrazo y esas palabras le trajeron una profunda alegría.
Voor Buck brachten die ruwe omhelzing en die woorden diepe vreugde.
Su corazón parecía latir con fuerza de felicidad con cada movimiento.
Bij elke beweging leek zijn hart van geluk te trillen.
Cuando se levantó de un salto, su boca parecía como si se estuviera riendo.
Toen hij daarna opsprong, zag hij eruit alsof zijn mond lachte.
Sus ojos brillaban intensamente y su garganta temblaba con una alegría tácita.
Zijn ogen straalden en zijn keel trilde van onuitgesproken vreugde.
Su sonrisa se detuvo en ese estado de emoción y afecto resplandeciente.
Zijn glimlach stond stil in die staat van emotie en gloeiende genegenheid.
Entonces Thornton exclamó pensativo: "¡Dios! ¡Casi puede hablar!"
Toen riep Thornton nadenkend uit: "God! Hij kan bijna praten!"
Buck tenía una extraña forma de expresar amor que casi causaba dolor.

Buck had een vreemde manier om zijn liefde te uiten, die bijna pijn deed.
A menudo apretaba muy fuerte la mano de Thornton entre los dientes.
Vaak klemde hij Thorntons hand heel hard tussen zijn tanden.
La mordedura iba a dejar marcas profundas que permanecerían durante algún tiempo.
De beet zou diepe littekens achterlaten die nog een tijdje zichtbaar zouden blijven.
Buck creía que esos juramentos eran de amor y Thornton lo sabía también.
Buck geloofde dat die eden liefde betekenden, en Thornton wist dat ook.
La mayoría de las veces, el amor de Buck se demostraba en una adoración silenciosa, casi silenciosa.
Meestal uitte Bucks liefde zich in stille, bijna geluidloze aanbidding.
Aunque se emocionaba cuando lo tocaban o le hablaban, no buscaba atención.
Hoewel hij blij was als hij werd aangeraakt of aangesproken, zocht hij geen aandacht.
Skeet empujó su nariz bajo la mano de Thornton hasta que él la acarició.
Skeet duwde haar neus onder Thorntons hand tot hij haar aaide.
Nig se acercó en silencio y apoyó su gran cabeza en la rodilla de Thornton.
Nig liep rustig naar hem toe en legde zijn grote hoofd op Thorntons knie.
Buck, por el contrario, se conformaba con amar desde una distancia respetuosa.
Buck vond het daarentegen prima om op een respectvolle afstand lief te hebben.
Durante horas permaneció tendido a los pies de Thornton, alerta y observando atentamente.
Hij lag urenlang aan Thorntons voeten, alert en nauwlettend.

Buck estudió cada detalle del rostro de su amo y su más mínimo movimiento.
Buck bestudeerde elk detail van het gezicht van zijn meester en elke beweging.
O yacía más lejos, estudiando la figura del hombre en silencio.
Of hij lag verderop en bestudeerde in stilte de gestalte van de man.
Buck observó cada pequeño movimiento, cada cambio de postura o gesto.
Buck observeerde elke kleine beweging, elke verandering in houding of gebaar.
Tan poderosa era esta conexión que a menudo atraía la mirada de Thornton.
Deze verbinding was zo krachtig dat Thornton er vaak naar keek.
Sostuvo la mirada de Buck sin palabras, pero el amor brillaba claramente a través de ella.
Hij keek Buck in de ogen, zonder woorden, maar de liefde scheen er duidelijk doorheen.
Durante mucho tiempo después de ser salvado, Buck nunca perdió de vista a Thornton.
Lange tijd nadat Buck gered was, verloor hij Thornton niet uit het oog.
Cada vez que Thornton salía de la tienda, Buck lo seguía de cerca afuera.
Telkens wanneer Thornton de tent verliet, volgde Buck hem nauwlettend naar buiten.
Todos los amos severos de las Tierras del Norte habían hecho que Buck tuviera miedo de confiar.
Al die strenge meesters in het Noorden hadden ervoor gezorgd dat Buck bang was om te vertrouwen.
Temía que ningún hombre pudiera seguir siendo su amo durante más de un corto tiempo.
Hij vreesde dat niemand langer dan een korte tijd zijn meester zou kunnen blijven.

Temía que John Thornton desapareciera como Perrault y François.
Hij vreesde dat John Thornton, net als Perrault en François, zou verdwijnen.
Incluso por la noche, el miedo a perderlo acechaba el sueño inquieto de Buck.
Zelfs 's nachts bleef Buck onrustig slapen, ondanks de angst hem te verliezen.
Cuando Buck se despertó, salió a escondidas al frío y fue a la tienda de campaña.
Toen Buck wakker werd, sloop hij de kou in en ging naar de tent.
Escuchó atentamente el suave sonido de la respiración en su interior.
Hij luisterde aandachtig of hij het zachte geluid van ademhaling van binnenuit hoorde.
A pesar del profundo amor de Buck por John Thornton, lo salvaje siguió vivo.
Ondanks Bucks grote liefde voor John Thornton bleef de wildernis in leven.
Ese instinto primitivo, despertado en el Norte, no desapareció.
Dat primitieve instinct, ontwaakt in het Noorden, is niet verdwenen.
El amor trajo devoción, lealtad y el cálido vínculo del fuego.
Liefde bracht toewijding, loyaliteit en de warme band van het haardvuur met zich mee.
Pero Buck también mantuvo sus instintos salvajes, agudos y siempre alerta.
Maar Buck behield ook zijn wilde instincten, scherp en altijd alert.
No era sólo una mascota domesticada de las suaves tierras de la civilización.
Hij was niet zomaar een tam huisdier uit de zachte streken van de beschaving.
Buck era un ser salvaje que había venido a sentarse junto al fuego de Thornton.

Buck was een wild wezen dat bij het vuur van Thornton kwam zitten.

Parecía un perro del Sur, pero en su interior vivía lo salvaje.
Hij zag eruit als een hond uit het zuiden, maar hij had een wild karakter.

Su amor por Thornton era demasiado grande como para permitirle robarle algo.
Zijn liefde voor Thornton was te groot om diefstal van de man toe te staan.

Pero en cualquier otro campamento, robaría con valentía y sin pausa.
Maar in elk ander kamp zou hij brutaal en zonder ophouden stelen.

Era tan astuto al robar que nadie podía atraparlo ni acusarlo.
Hij was zo slim in het stelen dat niemand hem kon betrappen of beschuldigen.

Su rostro y su cuerpo estaban cubiertos de cicatrices de muchas peleas pasadas.
Zijn gezicht en lichaam zaten onder de littekens van de vele gevechten uit het verleden.

Buck seguía luchando con fiereza, pero ahora luchaba con más astucia.
Buck vocht nog steeds fel, maar nu met meer sluwheid.

Skeet y Nig eran demasiado amables para pelear, y eran de Thornton.
Skeet en Nig waren te zachtaardig om te vechten, en zij waren van Thornton.

Pero cualquier perro extraño, por fuerte o valiente que fuese, cedía.
Maar elke vreemde hond, hoe sterk of dapper ook, gaf toe.

De lo contrario, el perro se encontraría luchando contra Buck; luchando por su vida.
Anders zou de hond met Buck moeten vechten, vechtend voor zijn leven.

Buck no tuvo piedad una vez que decidió pelear contra otro perro.

Buck kende geen genade toen hij besloot om met een andere hond te vechten.

Había aprendido bien la ley del garrote y el colmillo en las Tierras del Norte.

Hij had de wetten van de knuppel en de slagtand uit het Noorden goed geleerd.

Él nunca renunció a una ventaja y nunca se retractó de la batalla.

Hij gaf nooit een voordeel uit handen en deinsde nooit terug voor de strijd.

Había estudiado a los Spitz y a los perros más feroces del correo y de la policía.

Hij had Spitz en de gevaarlijkste post- en politiehonden bestudeerd.

Sabía claramente que no había término medio en un combate salvaje.

Hij wist heel goed dat er in een wilde strijd geen middenweg bestond.

Él debía gobernar o ser gobernado; mostrar misericordia significaba mostrar debilidad.

Hij moest heersen of geregeerd worden; genade tonen betekende zwakte tonen.

Mercy era una desconocida en el crudo y brutal mundo de la supervivencia.

Genade was onbekend in de ruwe en wrede wereld van overleving.

Mostrar misericordia era visto como miedo, y el miedo conducía rápidamente a la muerte.

Genade tonen werd gezien als angst, en angst leidde snel tot de dood.

La antigua ley era simple: matar o ser asesinado, comer o ser comido.

De oude wet was simpel: dood of gedood worden, eet of gegeten worden.

Esa ley vino desde las profundidades del tiempo, y Buck la siguió plenamente.

Die wet stamt uit de oudheid en Buck hield zich er strikt aan.

Buck era mayor que su edad y el número de respiraciones que tomaba.
Buck was ouder dan zijn jaren en het aantal ademhalingen dat hij nam.

Conectó claramente el pasado antiguo con el momento presente.
Hij legde een helder verband tussen het verre verleden en het heden.

Los ritmos profundos de las épocas lo atravesaban como mareas.
De diepe ritmes van de eeuwen bewogen door hem heen als de getijden.

El tiempo latía en su sangre con la misma seguridad con la que las estaciones movían la tierra.
De tijd pulseerde in zijn bloed, net zo zeker als de seizoenen de aarde bewogen.

Se sentó junto al fuego de Thornton, con el pecho fuerte y los colmillos blancos.
Hij zat bij het vuur van Thornton, met zijn sterke borstkas en witte tanden.

Su largo pelaje ondeaba, pero detrás de él los espíritus de los perros salvajes observaban.
Zijn lange vacht wapperde, maar achter hem keken de geesten van wilde honden toe.

Lobos medio y lobos completos se agitaron dentro de su corazón y sus sentidos.
In zijn hart en zintuigen roerden zich de gevoelens van halfwolven en echte wolven aan.

Probaron su carne y bebieron la misma agua que él.
Ze proefden zijn vlees en dronken hetzelfde water als hij.

Olfatearon el viento junto a él y escucharon el bosque.
Ze snuffelden met hem mee aan de wind en luisterden naar het bos.

Susurraron los significados de los sonidos salvajes en la oscuridad.
Ze fluisterden de betekenissen van de wilde geluiden in de duisternis.

Ellos moldearon sus estados de ánimo y guiaron cada una de sus reacciones tranquilas.
Ze beïnvloedden zijn stemmingen en stuurden zijn stille reacties.
Se quedaron con él mientras dormía y se convirtieron en parte de sus sueños más profundos.
Ze lagen bij hem terwijl hij sliep en werden onderdeel van zijn diepe dromen.
Soñaron con él, más allá de él, y constituyeron su propio espíritu.
Zij droomden met hem, voorbij hem, en vormden zijn geest.
Los espíritus de la naturaleza llamaron con tanta fuerza que Buck se sintió atraído.
De geesten van de wildernis riepen zo sterk dat Buck zich aangetrokken voelde.
Cada día, la humanidad y sus reivindicaciones se debilitaban más en el corazón de Buck.
Elke dag werden de mensheid en haar aanspraken zwakker in Bucks hart.
En lo profundo del bosque, un llamado extraño y emocionante estaba por surgir.
Diep in het bos zou een vreemde en opwindende roep klinken.
Cada vez que escuchaba el llamado, Buck sentía un impulso que no podía resistir.
Elke keer dat Buck de roep hoorde, voelde hij een drang die hij niet kon weerstaan.
Él iba a alejarse del fuego y de los caminos humanos trillados.
Hij ging zich afkeren van het vuur en van de gebaande menselijke paden.
Iba a adentrarse en el bosque, avanzando sin saber por qué.
Hij wilde het bos in springen, zonder te weten waarom.
Él no cuestionó esta atracción porque el llamado era profundo y poderoso.
Hij betwijfelde deze aantrekkingskracht niet, want de roep was diep en krachtig.

A menudo, alcanzaba la sombra verde y la tierra suave e intacta.
Vaak bereikte hij de groene schaduw en de zachte, ongerepte aarde

Pero entonces el fuerte amor por John Thornton lo atrajo de nuevo al fuego.
Maar toen trok zijn sterke liefde voor John Thornton hem weer terug naar het vuur.

Sólo John Thornton realmente pudo sostener en sus manos el corazón salvaje de Buck.
Alleen John Thornton had werkelijk de macht over Bucks wilde hart.

El resto de la humanidad no tenía ningún valor o significado duradero para Buck.
De rest van de mensheid had voor Buck geen blijvende waarde of betekenis.

Los extraños podrían elogiarlo o acariciar su pelaje con manos amistosas.
Vreemden prezen hem soms of aaiden hem met hun vriendelijke handen over zijn vacht.

Buck permaneció impasible y se alejó por demasiado afecto.
Buck bleef onberoerd en liep weg omdat hij te veel aanhankelijkheid voelde.

Hans y Pete llegaron con la balsa que habían esperado durante tanto tiempo.
Hans en Pete arriveerden met het langverwachte vlot

Buck los ignoró hasta que supo que estaban cerca de Thornton.
Buck negeerde ze totdat hij hoorde dat ze dicht bij Thornton waren.

Después de eso, los toleró, pero nunca les mostró total calidez.
Daarna tolereerde hij ze nog wel, maar toonde hij ze nooit zijn volledige warmte.

Él aceptaba comida o gentileza de ellos como si les estuviera haciendo un favor.

Hij nam eten of vriendelijkheid van hen aan, alsof hij hen een gunst bewees.
Eran como Thornton: sencillos, honestos y claros en sus pensamientos.
Ze waren net als Thornton: eenvoudig, eerlijk en helder van geest.
Todos juntos viajaron al aserradero de Dawson y al gran remolino.
Samen reisden ze naar Dawson's zagerij en de grote draaikolk
En su viaje aprendieron a comprender profundamente la naturaleza de Buck.
Tijdens hun reis leerden ze Bucks aard beter begrijpen.
No intentaron acercarse como lo habían hecho Skeet y Nig.
Ze probeerden niet dichter naar elkaar toe te groeien zoals Skeet en Nig hadden gedaan.
Pero el amor de Buck por John Thornton solo se profundizó con el tiempo.
Maar Bucks liefde voor John Thornton werd met de tijd alleen maar groter.
Sólo Thornton podía colocar una mochila en la espalda de Buck en el verano.
Alleen Thornton kon in de zomer een rugzak op Bucks rug plaatsen.
Cualquiera que fuera lo que Thornton ordenaba, Buck estaba dispuesto a hacerlo a cabalidad.
Wat Thornton ook beval, Buck was bereid om volledig te doen.
Un día, después de que dejaron Dawson hacia las cabeceras del río Tanana,
Op een dag, nadat ze Dawson hadden verlaten voor de bovenloop van de Tanana,
El grupo se sentó en un acantilado que caía un metro hasta el lecho rocoso desnudo.
De groep zat op een klif die bijna een meter afdaalde tot aan de kale rotsbodem.
John Thornton se sentó cerca del borde y Buck descansó a su lado.

John Thornton zat aan de rand en Buck rustte naast hem.
Thornton tuvo una idea repentina y llamó la atención de los hombres.
Thornton kreeg plotseling een ingeving en trok de aandacht van de mannen.
Señaló hacia el otro lado del abismo y le dio a Buck una única orden.
Hij wees naar de overkant van de kloof en gaf Buck één bevel.
—¡Salta, Buck! —dijo, extendiendo el brazo por encima del precipicio.
"Spring, Buck!" zei hij, terwijl hij zijn arm over de afgrond zwaaide.
En un momento, tuvo que agarrar a Buck, quien estaba saltando para obedecer.
Hij moest Buck onmiddellijk grijpen, die meteen opsprong om te gehoorzamen.
Hans y Pete corrieron hacia adelante y los pusieron a ambos a salvo.
Hans en Pete renden naar voren en trokken ze allebei in veiligheid.
Cuando todo terminó y recuperaron el aliento, Pete habló.
Toen alles voorbij was en ze op adem waren gekomen, sprak Pete.
"El amor es extraño", dijo, conmocionado por la feroz devoción del perro.
"De liefde is wonderbaarlijk", zei hij, geschokt door de felle toewijding van de hond.
Thornton meneó la cabeza y respondió con seriedad y calma.
Thornton schudde zijn hoofd en antwoordde met kalme ernst.
"No, el amor es espléndido", dijo, "pero también terrible".
"Nee, de liefde is prachtig," zei hij, "maar ook verschrikkelijk."
"A veces, debo admitirlo, este tipo de amor me da miedo".
"Soms moet ik toegeven dat dit soort liefde mij bang maakt."
Pete asintió y dijo: "Odiaría ser el hombre que te toque".
Pete knikte en zei: "Ik zou niet de man willen zijn die jou aanraakt."

Miró a Buck mientras hablaba, serio y lleno de respeto.
Hij keek Buck aan terwijl hij sprak, serieus en vol respect.
—¡Py Jingo! —dijo Hans rápidamente—. Yo tampoco, señor.
"Py Jingo!" zei Hans snel. "Ik ook niet, meneer."

Antes de que terminara el año, los temores de Pete se hicieron realidad en Circle City.
Nog voor het einde van het jaar werden Petes angsten werkelijkheid bij Circle City.
Un hombre cruel llamado Black Burton provocó una pelea en el bar.
Een wrede man genaamd Black Burton begon ruzie in de bar.
Estaba enojado y malicioso, arremetiendo contra un nuevo novato.
Hij was boos en gemeen en viel een nieuwe beginneling aan.
John Thornton entró en escena, tranquilo y afable como siempre.
John Thornton stapte in, kalm en goedgehumeurd als altijd.
Buck yacía en un rincón, con la cabeza gacha, observando a Thornton de cerca.
Buck lag in een hoek, met zijn hoofd naar beneden, en hield Thornton nauwlettend in de gaten.
Burton atacó de repente, y su puñetazo hizo que Thornton girara.
Burton sloeg plotseling toe en Thornton begon te tollen.
Sólo la barandilla de la barra evitó que se estrellara con fuerza contra el suelo.
Alleen de leuning van de bar voorkwam dat hij hard op de grond viel.
Los observadores oyeron un sonido que no era un ladrido ni un aullido.
De waarnemers hoorden een geluid dat geen geblaf of gejank was
Un rugido profundo salió de Buck mientras se lanzaba hacia el hombre.
Een diep gebrul klonk uit Buck terwijl hij op de man afstormde.

Burton levantó el brazo y apenas salvó su vida.
Burton gooide zijn arm in de lucht en redde ternauwernood zijn eigen leven.
Buck se estrelló contra él y lo tiró al suelo.
Buck botste tegen hem aan, waardoor hij plat op de grond viel.
Buck mordió profundamente el brazo del hombre y luego se abalanzó sobre su garganta.
Buck beet diep in de arm van de man en greep hem vervolgens bij de keel.
Burton sólo pudo bloquearlo parcialmente y su cuello quedó destrozado.
Burton kon de aanval slechts gedeeltelijk blokkeren en zijn nek scheurde open.
Los hombres se apresuraron a entrar, con los garrotes en alto, y apartaron a Buck del hombre sangrante.
Mannen renden naar binnen, hielden hun knuppels geheven en joegen Buck weg van de bloedende man.
Un cirujano trabajó rápidamente para detener la fuga de sangre.
Een chirurg kwam snel in actie om te voorkomen dat het bloed wegstroomde.
Buck caminaba de un lado a otro y gruñía, intentando atacar una y otra vez.
Buck liep heen en weer en gromde, terwijl hij steeds opnieuw probeerde aan te vallen.
Sólo los golpes con los palos le impidieron llegar hasta Burton.
Alleen zwaaiende clubs weerhielden hem ervan Burton te bereiken.
Allí mismo se convocó y celebró una asamblea de mineros.
Er werd ter plekke een vergadering van de mijnwerkers belegd en gehouden.
Estuvieron de acuerdo en que Buck había sido provocado y votaron por liberarlo.
Ze waren het erover eens dat Buck was geprovoceerd en stemden voor zijn vrijlating.

Pero el feroz nombre de Buck ahora resonaba en todos los campamentos de Alaska.
Maar de felle naam van Buck klonk nu in elk kamp in Alaska.
Más tarde ese otoño, Buck salvó a Thornton nuevamente de una nueva manera.
Later die herfst redde Buck Thornton opnieuw, maar dan op een nieuwe manier.
Los tres hombres guiaban un bote largo por rápidos agitados.
De drie mannen bestuurden een lange boot door ruwe stroomversnellingen.
Thornton tripulaba el bote, gritando instrucciones para llegar a la costa.
Thornton bestuurde de boot en riep de weg naar de kustlijn.
Hans y Pete corrieron por la tierra, sosteniendo una cuerda de árbol a árbol.
Hans en Pete renden over land, met een touw in hun handen van boom tot boom.
Buck seguía el ritmo en la orilla, siempre observando a su amo.
Buck hield gelijke tred met de oever en hield zijn baasje voortdurend in de gaten.
En un lugar desagradable, las rocas sobresalían bajo el agua rápida.
Op een vervelende plek staken er rotsen uit onder het snelstromende water.
Hans soltó la cuerda y Thornton dirigió el bote hacia otro lado.
Hans liet het touw los en Thornton stuurde de boot wijd.
Hans corrió para alcanzar el barco nuevamente más allá de las rocas peligrosas.
Hans rende om de boot weer te pakken en passeerde de gevaarlijke rotsen.
El barco superó la cornisa pero se topó con una parte más fuerte de la corriente.
De boot kwam over de rand heen, maar stuitte op een sterker deel van de stroming.

Hans agarró la cuerda demasiado rápido y desequilibró el barco.
Hans greep het touw te snel vast en bracht de boot uit balans.
El barco se volcó y se estrelló contra la orilla, boca abajo.
De boot sloeg om en belandde met de onderkant naar boven op de oever.
Thornton fue arrojado y arrastrado hacia la parte más salvaje del agua.
Thornton werd eruit geslingerd en meegesleurd in het wildste deel van het water.
Ningún nadador habría podido sobrevivir en esas aguas turbulentas y mortales.
Geen enkele zwemmer zou hebben kunnen overleven in dat dodelijke, razende water.
Buck saltó instantáneamente y persiguió a su amo río abajo.
Buck sprong meteen in het water en achtervolgde zijn baasje de rivier af.
Después de trescientos metros, llegó por fin a Thornton.
Na driehonderd meter bereikte hij eindelijk Thornton.
Thornton agarró la cola de Buck y Buck se giró hacia la orilla.
Thornton greep Buck bij zijn staart en Buck liep naar de kust.
Nadó con todas sus fuerzas, luchando contra el arrastre salvaje del agua.
Hij zwom met volle kracht en verzette zich tegen de sterke weerstand van het water.
Se movieron río abajo más rápido de lo que podían llegar a la orilla.
Ze bewogen zich sneller stroomafwaarts dan ze de kust konden bereiken.
Más adelante, el río rugía cada vez más fuerte mientras caía en rápidos mortales.
Voor ons bulderde de rivier nog luider terwijl deze in dodelijke stroomversnellingen stortte.
Las rocas cortaban el agua como los dientes de un peine enorme.

Rotsen sneden door het water als de tanden van een enorme kam.

La atracción del agua cerca de la caída era salvaje e ineludible.

De aantrekkingskracht van het water bij de waterval was enorm en onontkoombaar.

Thornton sabía que nunca podrían llegar a la costa a tiempo.

Thornton wist dat ze de kust nooit op tijd zouden bereiken.

Raspó una roca, se estrelló contra otra,

Hij schraapte over een rots, sloeg over een tweede,

Y entonces se estrelló contra una tercera roca, agarrándola con ambas manos.

Vervolgens botste hij tegen een derde rots, die hij met beide handen vastgreep.

Soltó a Buck y gritó por encima del rugido: "¡Vamos, Buck! ¡Vamos!".

Hij liet Buck los en riep boven het gebrul uit: "Ga, Buck! Ga!"

Buck no pudo mantenerse a flote y fue arrastrado por la corriente.

Buck kon niet blijven drijven en werd door de stroming meegesleurd.

Luchó con todas sus fuerzas, intentando girar, pero no consiguió ningún progreso.

Hij verzette zich hevig en probeerde zich om te draaien, maar kwam geen stap vooruit.

Entonces escuchó a Thornton repetir la orden por encima del rugido del río.

Toen hoorde hij Thornton het bevel herhalen, boven het gebulder van de rivier uit.

Buck salió del agua y levantó la cabeza como para echar una última mirada.

Buck kwam uit het water en hief zijn kop op alsof hij hem nog een laatste keer wilde zien.

Luego se giró y obedeció, nadando hacia la orilla con resolución.

draaide zich om en gehoorzaamde, en zwom vastberaden naar de oever.

Pete y Hans lo sacaron a tierra en el último momento posible.
Op het allerlaatste moment trokken Pete en Hans hem aan land.
Sabían que Thornton podría aferrarse a la roca sólo por unos minutos más.
Ze wisten dat Thornton zich nog maar een paar minuten aan de rots kon vastklampen.
Corrieron por la orilla hasta un lugar mucho más arriba de donde estaba colgado.
Ze renden de oever op naar een plek ver boven de plek waar hij hing.
Ataron la cuerda del bote al cuello y los hombros de Buck con cuidado.
Ze maakten de lijn van de boot zorgvuldig vast aan Bucks nek en schouders.
La cuerda estaba ajustada pero lo suficientemente suelta para permitir la respiración y el movimiento.
Het touw zat strak, maar was los genoeg om te kunnen ademen en bewegen.
Luego lo lanzaron nuevamente al caudaloso y mortal río.
Daarna gooiden ze hem weer in de snelstromende, dodelijke rivier.
Buck nadó con valentía, pero perdió su ángulo debido a la fuerza de la corriente.
Buck zwom dapper, maar miste de kracht van de stroming.
Se dio cuenta demasiado tarde de que iba a dejar atrás a Thornton.
Hij zag te laat dat hij Thornton voorbij zou drijven.
Hans tiró de la cuerda con fuerza, como si Buck fuera un barco que se hundía.
Hans trok het touw strak, alsof Buck een kapseizende boot was.
La corriente lo arrastró hacia abajo y desapareció bajo la superficie.
Hij werd door de stroming meegesleurd en verdween onder het wateroppervlak.

Su cuerpo chocó contra el banco antes de que Hans y Pete pudieran sacarlo.
Zijn lichaam sloeg tegen de oever voordat Hans en Pete hem eruit konden trekken.
Estaba medio ahogado y le sacaron el agua a golpes.
Hij was half verdronken, en ze sloegen het water uit hem.
Buck se puso de pie, se tambaleó y volvió a desplomarse en el suelo.
Buck stond op, wankelde en viel weer op de grond.
Entonces oyeron la voz de Thornton llevada débilmente por el viento.
Toen hoorden ze Thorntons stem zwakjes door de wind worden meegevoerd.
Aunque las palabras no eran claras, sabían que estaba cerca de morir.
Ook al waren de woorden onduidelijk, ze wisten dat hij bijna dood was.
El sonido de la voz de Thornton golpeó a Buck como una sacudida eléctrica.
Het geluid van Thorntons stem trof Buck als een elektrische schok.
Saltó y corrió por la orilla, regresando al punto de lanzamiento.
Hij sprong op, rende de oever op en keerde terug naar het vertrekpunt.
Nuevamente ataron la cuerda a Buck, y nuevamente entró al arroyo.
Opnieuw bonden ze het touw aan Buck vast, en opnieuw stapte hij de beek in.
Esta vez nadó directo y firmemente hacia el agua que palpitaba.
Deze keer zwom hij rechtstreeks en vastberaden het stromende water in.
Hans soltó la cuerda con firmeza mientras Pete evitaba que se enredara.
Hans liet het touw rustig los en Pete zorgde ervoor dat het niet in de knoop raakte.

Buck nadó con fuerza hasta que estuvo alineado justo encima de Thornton.

Buck zwom hard tot hij vlak boven Thornton lag.

Luego se dio la vuelta y se lanzó hacia abajo como un tren a toda velocidad.

Toen draaide hij zich om en rende er als een trein op volle snelheid vandoor.

Thornton lo vio venir, se preparó y le rodeó el cuello con los brazos.

Thornton zag hem aankomen, schrapte zich schrap en sloeg zijn armen om zijn nek.

Hans ató la cuerda fuertemente alrededor de un árbol mientras ambos eran arrastrados hacia abajo.

Hans bond het touw vast om een boom terwijl ze beiden naar beneden werden getrokken.

Cayeron bajo el agua y se estrellaron contra rocas y escombros del río.

Ze stortten onder water neer en kwamen tegen de rotsen en het rivierafval terecht.

En un momento Buck estaba arriba y al siguiente Thornton se levantó jadeando.

Het ene moment zat Buck bovenop, het volgende moment stond Thornton hijgend op.

Maltratados y asfixiados, se desviaron hacia la orilla y se pusieron a salvo.

Gehavend en stikkend, zochten ze hun toevlucht tot de oever, op zoek naar veiligheid.

Thornton recuperó el conocimiento, acostado sobre un tronco a la deriva.

Thornton kwam weer bij bewustzijn terwijl hij op een drijfboomstam lag.

Hans y Pete trabajaron duro para devolverle el aliento y la vida.

Hans en Pete hebben hard gewerkt om hem weer op adem te brengen en leven te geven.

Su primer pensamiento fue para Buck, que yacía inmóvil y flácido.

Zijn eerste gedachte ging uit naar Buck, die roerloos en slap op de grond lag.
Nig aulló sobre el cuerpo de Buck y Skeet le lamió la cara suavemente.
Nig huilde over Bucks lichaam en Skeet likte zachtjes zijn gezicht.
Thornton, dolorido y magullado, examinó a Buck con manos cuidadosas.
Thornton, pijnlijk en gekneusd, onderzocht Buck voorzichtig.
Encontró tres costillas rotas, pero ninguna herida mortal en el perro.
Hij constateerde dat de hond drie gebroken ribben had, maar geen dodelijke verwondingen.
"Eso lo resuelve", dijo Thornton. "Acamparemos aquí". Y así lo hicieron.
"Dat is het dan," zei Thornton. "We kamperen hier." En dat deden ze.
Se quedaron hasta que las costillas de Buck sanaron y pudo caminar nuevamente.
Ze bleven totdat Bucks ribben genezen waren en hij weer kon lopen.

Ese invierno, Buck realizó una hazaña que aumentó aún más su fama.
Die winter leverde Buck een prestatie die zijn roem verder vergrootte.
Fue menos heroico que salvar a Thornton, pero igual de impresionante.
Het was minder heldhaftig dan het redden van Thornton, maar net zo indrukwekkend.
En Dawson, los socios necesitaban suministros para un viaje lejano.
In Dawson hadden de partners proviand nodig voor een verre reis.
Querían viajar hacia el Este, hacia tierras vírgenes y silvestres.
Ze wilden naar het oosten reizen, naar de ongerepte wildernis.

La escritura de Buck en el Eldorado Saloon hizo posible ese viaje.
Buck's act in de Eldorado Saloon maakte die reis mogelijk.
Todo empezó con hombres alardeando de sus perros mientras bebían.
Het begon met mannen die tijdens een drankje opschepten over hun honden.
La fama de Buck lo convirtió en blanco de desafíos y dudas.
Door zijn roem werd Buck het doelwit van uitdagingen en twijfels.
Thornton, orgulloso y tranquilo, se mantuvo firme en la defensa del nombre de Buck.
Thornton, trots en kalm, bleef standvastig de naam van Buck verdedigen.
Un hombre dijo que su perro podía levantar doscientos cincuenta kilos con facilidad.
Een man zei dat zijn hond met gemak 227 kilo kon trekken.
Otro dijo seiscientos, y un tercero se jactó de setecientos.
Een ander zei zeshonderd, en een derde pochte zevenhonderd.
"¡Pfft!" dijo John Thornton, "Buck puede tirar de un trineo de mil libras".
"Pfft!" zei John Thornton, "Buck kan een slee van duizend pond trekken."
Matthewson, un Rey de Bonanza, se inclinó hacia delante y lo desafió.
Matthewson, een Bonanza King, boog zich naar voren en daagde hem uit.
¿Crees que puede poner tanto peso en movimiento?
"Denk je dat hij zoveel gewicht in beweging kan zetten?"
"¿Y crees que puede tirar del peso cien yardas enteras?"
"En denk je dat hij dat gewicht een volle honderd meter kan trekken?"
Thornton respondió con frialdad: «Sí. Buck es lo suficientemente bueno como para hacerlo».
Thornton antwoordde koeltjes: "Ja. Buck is hond genoeg om het te doen."

"Pondrá mil libras en movimiento y las arrastrará cien yardas".

"Hij zet duizend kilo in beweging en trekt het honderd meter verder."

Matthewson sonrió lentamente y se aseguró de que todos los hombres escucharan sus palabras.

Matthewson glimlachte langzaam en zorgde ervoor dat iedereen zijn woorden kon horen.

Tengo mil dólares que dicen que no puede. Ahí está.

"Ik heb duizend dollar waarop staat dat hij het niet kan. Daar is het."

Arrojó un saco de polvo de oro del tamaño de una salchicha sobre la barra.

Hij gooide een zak goudstof, ter grootte van een worst, op de bar.

Nadie dijo una palabra. El silencio se hizo denso y tenso a su alrededor.

Niemand zei een woord. De stilte om hen heen werd zwaar en gespannen.

El engaño de Thornton —si es que lo hubo— había sido tomado en serio.

Thorntons bluf – als het er een was – werd serieus genomen.

Sintió que el calor le subía a la cara mientras la sangre le subía a las mejillas.

Hij voelde de hitte in zijn gezicht toenemen en het bloed stroomde naar zijn wangen.

En ese momento su lengua se había adelantado a su razón.

Op dat moment was zijn tong zijn verstand voorbijgestreefd.

Realmente no sabía si Buck podría mover mil libras.

Hij wist werkelijk niet of Buck duizend pond kon verplaatsen.

¡Media tonelada! Solo su tamaño le hacía sentir un gran peso en el corazón.

Een halve ton! Alleen al de omvang ervan maakte hem zwaar op de maag.

Tenía fe en la fuerza de Buck y creía que era capaz.

Hij had vertrouwen in Bucks kracht en achtte hem capabel.

Pero nunca se había enfrentado a un desafío así, no de esta manera.
Maar hij was nog nooit voor een dergelijke uitdaging komen te staan.

Una docena de hombres lo observaban en silencio, esperando ver qué haría.
Een tiental mannen keken hem stilletjes aan en wachtten af wat hij zou doen.

Él no tenía el dinero, ni tampoco Hans ni Pete.
Hij had het geld niet, en Hans en Pete ook niet.

"Tengo un trineo afuera", dijo Matthewson fría y directamente.
"Ik heb buiten een slee staan," zei Matthewson koud en direct.

"Está cargado con veinte sacos de cincuenta libras cada uno, todo de harina.
"Hij is geladen met twintig zakken van vijftig pond per stuk, allemaal meel.

Así que no dejen que un trineo perdido sea su excusa ahora", añadió.
"Laat een vermiste slee dus niet langer uw excuus zijn", voegde hij eraan toe.

Thornton permaneció en silencio. No sabía qué decir.
Thornton bleef stil. Hij wist niet welke woorden hij moest gebruiken.

Miró a su alrededor los rostros sin verlos con claridad.
Hij keek rond naar de gezichten, maar zag ze niet duidelijk.

Parecía un hombre congelado en sus pensamientos, intentando reiniciarse.
Hij zag eruit als een man die in gedachten verzonken was en probeerde opnieuw te beginnen.

Luego vio a Jim O'Brien, un amigo de la época de Mastodon.
Toen zag hij Jim O'Brien, een vriend uit de Mastodon-tijd.

Ese rostro familiar le dio un coraje que no sabía que tenía.
Dat bekende gezicht gaf hem moed waarvan hij niet wist dat hij het had.

Se giró y preguntó en voz baja: "¿Puedes prestarme mil?"

Hij draaide zich om en vroeg met gedempte stem: "Kun je mij duizend lenen?"
"Claro", dijo O'Brien, dejando caer un pesado saco junto al oro.
"Tuurlijk," zei O'Brien, terwijl hij alvast een zware zak bij het goud liet vallen.
"Pero la verdad, John, no creo que la bestia pueda hacer esto".
"Maar eerlijk gezegd, John, geloof ik niet dat het beest dit kan."
Todos los que estaban en el Eldorado Saloon corrieron hacia afuera para ver el evento.
Iedereen in de Eldorado Saloon haastte zich naar buiten om het evenement te zien.
Abandonaron las mesas y las bebidas, e incluso los juegos se pausaron.
Er werden tafels en drankjes neergezet en zelfs de spelen werden stilgelegd.
Comerciantes y jugadores acudieron para presenciar el final de la audaz apuesta.
Gokkers en dealers kwamen om het einde van de gewaagde weddenschap te aanschouwen.
Cientos de personas se reunieron alrededor del trineo en la calle helada y abierta.
Honderden mensen verzamelden zich rond de slee op de ijzige, open straat.
El trineo de Matthewson estaba cargado con un montón de sacos de harina.
De slee van Matthewson stond vol met zakken meel.
El trineo había permanecido parado durante horas a temperaturas bajo cero.
De slee had urenlang bij temperaturen onder het vriespunt stilgestaan.
Los patines del trineo estaban congelados y pegados a la nieve compacta.
De glijders van de slee zaten vastgevroren aan de aangestampte sneeuw.

Los hombres ofrecieron dos a uno de que Buck no podría mover el trineo.
De mannen gaven een quotering van twee tegen één dat Buck de slee niet kon verplaatsen.

Se desató una disputa sobre lo que realmente significaba "break out".
Er ontstond een meningsverschil over de vraag wat 'uitbreken' precies betekende.

O'Brien dijo que Thornton debería aflojar la base congelada del trineo.
O'Brien zei dat Thornton de bevroren basis van de slee los moest maken.

Buck pudo entonces "escapar" de un comienzo sólido e inmóvil.
Buck kon toen 'uitbreken' vanuit een solide, bewegingloze start.

Matthewson argumentó que el perro también debe liberar a los corredores.
Matthewson stelde dat de hond ook de renners moest bevrijden.

Los hombres que habían escuchado la apuesta estuvieron de acuerdo con la opinión de Matthewson.
De mannen die van de weddenschap hadden gehoord, waren het eens met Matthewsons standpunt.

Con esa decisión, las probabilidades aumentaron a tres a uno en contra de Buck.
Met deze uitspraak steeg de odds naar drie tegen één in het nadeel van Buck.

Nadie se animó a asumir las crecientes probabilidades de tres a uno.
Niemand durfde de groeiende kans van drie tegen één te accepteren.

Ningún hombre creyó que Buck pudiera realizar la gran hazaña.
Niemand geloofde dat Buck deze grote prestatie zou kunnen leveren.

Thornton se había apresurado a hacer la apuesta, cargado de dudas.
Thornton was overhaast met de weddenschap begonnen, vol twijfels.
Ahora miró el trineo y el equipo de diez perros que estaba a su lado.
Nu keek hij naar de slee en het span van tien honden ernaast.
Ver la realidad de la tarea la hizo parecer más imposible.
Toen ik de werkelijkheid onder ogen zag, leek het steeds onmogelijker.
Matthewson estaba lleno de orgullo y confianza en ese momento.
Matthewson was op dat moment vervuld van trots en zelfvertrouwen.
—¡Tres a uno! —gritó—. ¡Apuesto mil más, Thornton!
"Drie tegen één!" riep hij. "Ik wed nog eens duizend, Thornton!
"¿Qué dices?" añadió lo suficientemente alto para que todos lo oyeran.
"Wat zeg je?" voegde hij eraan toe, luid genoeg zodat iedereen het kon horen.
El rostro de Thornton mostraba sus dudas, pero su ánimo se había elevado.
Thorntons gezicht verraadde zijn twijfels, maar zijn geest was opgestaan.
Ese espíritu de lucha ignoraba las probabilidades y no temía a nada en absoluto.
Die vechtlust negeerde alle tegenslagen en was nergens bang voor.
Llamó a Hans y Pete para que trajeran todo su dinero a la mesa.
Hij belde Hans en Pete en vroeg of ze al hun geld op tafel wilden leggen.
Les quedaba poco: sólo doscientos dólares en total.
Ze hadden bijna niets meer over: samen nog maar tweehonderd dollar.
Esta pequeña suma constituía su fortuna total en tiempos difíciles.

Dit kleine bedrag was hun totale fortuin tijdens moeilijke tijden.
Aún así, apostaron toda su fortuna contra la apuesta de Matthewson.
Toch zetten ze hun hele fortuin in tegen Matthewsons weddenschap.
El equipo de diez perros fue desenganchado y se alejó del trineo.
Het span van tien honden werd afgekoppeld en liep weg van de slee.
Buck fue colocado en las riendas, vistiendo su arnés familiar.
Buck werd aan de teugels gezet, zijn vertrouwde tuig om.
Había captado la energía de la multitud y sentía la tensión.
Hij had de energie van het publiek opgevangen en voelde de spanning.
De alguna manera, sabía que tenía que hacer algo por John Thornton.
Op de een of andere manier wist hij dat hij iets moest doen voor John Thornton.
La gente murmuraba con admiración ante la orgullosa figura del perro.
Mensen mompelden vol bewondering toen ze de trotse gestalte van de hond zagen.
Era delgado y fuerte, sin un solo gramo de carne extra.
Hij was slank en sterk, zonder ook maar een grammetje teveel vlees.
Su peso total de ciento cincuenta libras era todo potencia y resistencia.
Zijn totale gewicht van honderdvijftig kilo was niets dan kracht en uithoudingsvermogen.
El pelaje de Buck brillaba como la seda, espeso y saludable.
Bucks vacht glansde als zijde, dik van gezondheid en kracht.
El pelaje a lo largo de su cuello y hombros pareció levantarse y erizarse.
De vacht op zijn nek en schouders leek overeind te gaan staan.

Su melena se movía levemente, cada cabello vivo con su gran energía.
Zijn manen bewogen een beetje, elk haartje leefde op door zijn grote energie.
Su pecho ancho y sus piernas fuertes hacían juego con su cuerpo pesado y duro.
Zijn brede borstkas en sterke benen pasten bij zijn zware, stoere lichaam.
Los músculos se ondulaban bajo su abrigo, tensos y firmes como hierro.
Onder zijn jas rimpelden spieren, strak en stevig als gebonden ijzer.
Los hombres lo tocaron y juraron que estaba construido como una máquina de acero.
Mannen raakten hem aan en zwoeren dat hij gebouwd was als een stalen machine.
Las probabilidades bajaron levemente a dos a uno contra el gran perro.
De kans dat de grote hond zou winnen daalde lichtjes naar twee tegen één.
Un hombre de los bancos Skookum se adelantó, tartamudeando.
Een man van de Skookum-banken duwde stotterend naar voren.
—¡Bien, señor! ¡Ofrezco ochocientas libras por él, antes del examen, señor!
"Goed, meneer! Ik bied hem achthonderd dollar - vóór de test, meneer!"
"¡Ochocientos, tal como está ahora mismo!" insistió el hombre.
"Achthonderd, zoals hij er nu staat!" hield de man vol.
Thornton dio un paso adelante, sonrió y meneó la cabeza con calma.
Thornton stapte naar voren, glimlachte en schudde kalm zijn hoofd.
Matthewson intervino rápidamente con una voz de advertencia y el ceño fruncido.

Matthewson kwam snel tussenbeide met een waarschuwende stem en een frons.

—Debes alejarte de él —dijo—. Dale espacio.

"Je moet bij hem vandaan gaan," zei hij. "Geef hem de ruimte."

La multitud quedó en silencio; sólo los jugadores seguían ofreciendo dos a uno.

De menigte werd stil; alleen gokkers boden nog twee tegen één aan.

Todos admiraban la complexión de Buck, pero la carga parecía demasiado grande.

Iedereen bewonderde Bucks bouw, maar de lading leek te groot.

Veinte sacos de harina, cada uno de cincuenta libras de peso, parecían demasiados.

Twintig zakken meel, elk 23 kilo zwaar, leek me veel te veel.

Nadie estaba dispuesto a abrir su bolsa y arriesgar su dinero.

Niemand wilde zijn buidel openen en zijn geld riskeren.

Thornton se arrodilló junto a Buck y tomó su cabeza con ambas manos.

Thornton knielde naast Buck en nam zijn hoofd in beide handen.

Presionó su mejilla contra la de Buck y le habló al oído.

Hij drukte zijn wang tegen die van Buck en sprak in zijn oor.

Ya no había apretones juguetones ni susurros de insultos amorosos.

Er was nu geen sprake meer van speels schudden of gefluisterde, liefdevolle beledigingen.

Él sólo murmuró suavemente: "Tanto como me amas, Buck".

Hij mompelde alleen zachtjes: "Zoveel als je van me houdt, Buck."

Buck dejó escapar un gemido silencioso, su entusiasmo apenas fue contenido.

Buck liet een zacht gejank horen, zijn enthousiasme nauwelijks te beteugelen.

Los espectadores observaron con curiosidad cómo la tensión llenaba el aire.

De omstanders keken nieuwsgierig toe hoe de spanning in de lucht hing.
El momento parecía casi irreal, como algo más allá de la razón.
Het voelde een bijna onwerkelijk moment, als iets wat de rede te boven ging.
Cuando Thornton se puso de pie, Buck tomó suavemente su mano entre sus mandíbulas.
Toen Thornton opstond, pakte Buck zachtjes zijn hand vast.
Presionó con los dientes y luego lo soltó lenta y suavemente.
Hij drukte met zijn tanden op de tanden en liet ze toen langzaam en voorzichtig los.
Fue una respuesta silenciosa de amor, no dicha, pero entendida.
Het was een stil antwoord van liefde, niet uitgesproken, maar begrepen.
Thornton se alejó bastante del perro y dio la señal.
Thornton deed een stap op afstand van de hond en gaf het signaal.
—Ahora, Buck —dijo, y Buck respondió con calma y concentración.
"Nou, Buck," zei hij, en Buck reageerde met geconcentreerde kalmte.
Buck apretó las correas y luego las aflojó unos centímetros.
Buck spande de sporen aan, en draaide ze daarna een paar centimeter losser.
Éste era el método que había aprendido; su manera de romper el trineo.
Dit was de methode die hij had geleerd; zijn manier om de slee te breken.
—¡Caramba! —gritó Thornton con voz aguda en el pesado silencio.
"Jee!" riep Thornton, zijn stem scherp in de zware stilte.
Buck giró hacia la derecha y se lanzó con todo su peso.
Buck draaide zich naar rechts en haalde met zijn hele gewicht uit.

La holgura desapareció y la masa total de Buck golpeó las cuerdas apretadas.
De speling verdween en Bucks volle massa kwam in de nauwe doorgangen terecht.
El trineo tembló y los patines produjeron un crujido crujiente.
De slee trilde en de lopers maakten een krakend geluid.
—¡Ja! —ordenó Thornton, cambiando nuevamente la dirección de Buck.
"Ha!" beval Thornton, terwijl hij Buck weer van richting veranderde.
Buck repitió el movimiento, esta vez tirando bruscamente hacia la izquierda.
Buck herhaalde de beweging, maar deze keer trok hij scherp naar links.
El trineo crujió más fuerte y los patines crujieron y se movieron.
De slee kraakte steeds harder, de renners knapten en bewogen.
La pesada carga se deslizó ligeramente hacia un lado sobre la nieve congelada.
De zware last gleed lichtjes zijwaarts over de bevroren sneeuw.
¡El trineo se había soltado del sendero helado!
De slee was losgebroken uit de greep van het ijzige pad!
Los hombres contenían la respiración, sin darse cuenta de que ni siquiera estaban respirando.
De mannen hielden hun adem in, zich er niet van bewust dat ze niet ademden.
—¡Ahora, TIRA! —gritó Thornton a través del silencio helado.
"Nu, TREK!" riep Thornton door de bevroren stilte.
La orden de Thornton sonó aguda, como el chasquido de un látigo.
Thorntons bevel klonk scherp, als het geluid van een zweep.
Buck se lanzó hacia adelante con una estocada feroz y estremecedora.

Buck wierp zich naar voren met een felle en schokkende uitval.
Todo su cuerpo se tensó y se arrugó por la enorme tensión.
Zijn hele lichaam spande zich aan en werd onrustig door de enorme druk.
Los músculos se ondulaban bajo su pelaje como serpientes que cobraban vida.
Spieren rimpelden onder zijn vacht alsof er slangen tot leven kwamen.
Su gran pecho estaba bajo y la cabeza estirada hacia delante, hacia el trineo.
Zijn grote borst was laag en hij had zijn hoofd vooruit gericht, richting de slee.
Sus patas se movían como un rayo y sus garras cortaban el suelo helado.
Zijn poten bewogen als bliksemschichten, zijn klauwen sneden door de bevroren grond.
Los surcos se abrieron profundos mientras luchaba por cada centímetro de tracción.
Hij sneed diepe groeven in de grond terwijl hij vocht voor elke centimeter grip.
El trineo se balanceó, tembló y comenzó un movimiento lento e inquieto.
De slee schommelde, trilde en begon langzaam en onrustig te bewegen.
Un pie resbaló y un hombre entre la multitud gimió en voz alta.
Eén voet gleed uit en een man in de menigte kreunde luid.
Entonces el trineo se lanzó hacia adelante con un movimiento brusco y espasmódico.
Toen schoot de slee met een schokkende, ruwe beweging naar voren.
No se detuvo de nuevo: media pulgada... una pulgada... dos pulgadas más.
Het stopte niet opnieuw - een halve inch... een inch... twee inches meer.

Los tirones se hicieron más pequeños a medida que el trineo empezó a ganar velocidad.
Naarmate de slee meer snelheid kreeg, werden de schokken minder.
Pronto Buck estaba tirando con una potencia suave, uniforme y rodante.
Al snel trok Buck met soepele, gelijkmatige, rollende kracht.
Los hombres jadearon y finalmente recordaron respirar de nuevo.
Mannen snakten naar adem en konden pas weer ademhalen.
No se habían dado cuenta de que su respiración se había detenido por el asombro.
Ze hadden niet gemerkt dat hun adem stokte van ontzag.
Thornton corrió detrás, gritando órdenes breves y alegres.
Thornton rende achter hen aan en riep korte, vrolijke commando's.
Más adelante había una pila de leña que marcaba la distancia.
Voor ons lag een stapel brandhout die de afstand markeerde.
A medida que Buck se acercaba a la pila, los vítores se hacían cada vez más fuertes.
Terwijl Buck de stapel naderde, werd het gejuich steeds luider.
Los aplausos aumentaron hasta convertirse en un rugido cuando Buck pasó el punto final.
Het gejuich groeide uit tot een gebrul toen Buck het eindpunt passeerde.
Los hombres saltaron y gritaron, incluso Matthewson sonrió.
Mannen sprongen en schreeuwden, zelfs Matthewson begon te grijnzen.
Los sombreros volaron por el aire y los guantes fueron arrojados sin pensar ni rumbo.
Hoeden vlogen door de lucht, wanten werden gedachteloos en doelloos weggegooid.
Los hombres se abrazaron y se dieron la mano sin saber a quién.
Mannen pakten elkaar vast en schudden elkaar de hand, zonder dat ze wisten wie.

Toda la multitud vibró en una celebración salvaje y alegre.
De hele menigte was uitgelaten en uitgelaten in feestvreugde.
Thornton cayó de rodillas junto a Buck con manos temblorosas.
Thornton knielde met trillende handen naast Buck neer.
Apretó su cabeza contra la de Buck y lo sacudió suavemente hacia adelante y hacia atrás.
Hij drukte zijn hoofd tegen dat van Buck en schudde hem zachtjes heen en weer.
Los que se acercaron le oyeron maldecir al perro con silencioso amor.
Degenen die dichterbij kwamen hoorden hem met stille liefde de hond vervloeken.
Maldijo a Buck durante un largo rato, suavemente, cálidamente, con emoción.
Hij vloekte langdurig tegen Buck, zacht, warm en emotioneel.
—¡Bien, señor! ¡Bien, señor! —gritó el rey del Banco Skookum a toda prisa.
"Goed, meneer! Goed, meneer!" riep de koning van de Skookum Bench haastig.
—¡Le daré mil, no, mil doscientos, por ese perro, señor!
"Ik geef u duizend, nee, twaalfhonderd, voor die hond, meneer!"
Thornton se puso de pie lentamente, con los ojos brillantes de emoción.
Thornton stond langzaam op, zijn ogen straalden van emotie.
Las lágrimas corrían abiertamente por sus mejillas sin ninguna vergüenza.
Tranen stroomden schaamteloos over zijn wangen.
"Señor", le dijo al rey del Banco Skookum, firme y firme.
"Meneer," zei hij tegen de koning van de Skookum Bench, standvastig en vastberaden
—No, señor. Puede irse al infierno, señor. Esa es mi última respuesta.
"Nee, meneer. U kunt naar de hel lopen, meneer. Dat is mijn definitieve antwoord."

Buck agarró suavemente la mano de Thornton con sus fuertes mandíbulas.
Buck greep Thorntons hand zachtjes vast met zijn sterke kaken.
Thornton lo sacudió juguetonamente; su vínculo era más profundo que nunca.
Thornton schudde hem speels; hun band was nog steeds hecht.
La multitud, conmovida por el momento, retrocedió en silencio.
De menigte, ontroerd door het moment, deed in stilte een stap achteruit.
Desde entonces nadie se atrevió a interrumpir tan sagrado afecto.
Vanaf dat moment durfde niemand meer zo'n heilige genegenheid te onderbreken.

El sonido de la llamada
Het geluid van de roep

Buck había ganado mil seiscientos dólares en cinco minutos.
Buck had in vijf minuten zestienhonderd dollar verdiend.
El dinero permitió a John Thornton pagar algunas de sus deudas.
Met het geld kon John Thornton een deel van zijn schulden afbetalen.
Con el resto del dinero se dirigió al Este con sus socios.
Met de rest van het geld vertrok hij met zijn partners naar het oosten.
Buscaban una legendaria mina perdida, tan antigua como el país mismo.
Ze zochten naar een legendarische verloren mijn, die net zo oud was als het land zelf.
Muchos hombres habían buscado la mina, pero pocos la habían encontrado.
Veel mannen hadden naar de mijn gezocht, maar weinigen hadden hem ooit gevonden.
Más de unos pocos hombres habían desaparecido durante la peligrosa búsqueda.
Tijdens de gevaarlijke zoektocht waren er nogal wat mannen verdwenen.
Esta mina perdida estaba envuelta en misterio y vieja tragedia.
Deze verloren mijn was omgeven door mysterie en oude tragedie.
Nadie sabía quién había sido el primer hombre que encontró la mina.
Niemand wist wie de eerste man was die de mijn had gevonden.
Las historias más antiguas no mencionan a nadie por su nombre.
In de oudste verhalen wordt niemand bij naam genoemd.
Siempre había habido allí una antigua y destartalada cabaña.

Er heeft altijd een oude, bouwvallige hut gestaan.
Los hombres moribundos habían jurado que había una mina al lado de aquella vieja cabaña.
Stervende mannen hadden gezworen dat er naast die oude hut een mijn lag.
Probaron sus historias con oro como ningún otro en ningún otro lugar.
Ze bewezen hun verhalen met goud, zoals je dat nergens anders kunt vinden.
Ningún alma viviente había jamás saqueado el tesoro de aquel lugar.
Geen enkel levend wezen had ooit de schat van die plek meegenomen.
Los muertos estaban muertos, y los muertos no cuentan historias.
De doden waren dood, en dode mannen vertellen geen verhalen.
Entonces Thornton y sus amigos se dirigieron al Este.
Thornton en zijn vrienden vertrokken dus naar het oosten.
Pete y Hans se unieron, trayendo a Buck y seis perros fuertes.
Pete en Hans gingen mee en brachten Buck en zes sterke honden mee.
Se embarcaron en un camino desconocido donde otros habían fracasado.
Ze gingen een onbekend pad op, waar anderen faalden.
Se deslizaron en trineo setenta millas por el congelado río Yukón.
Ze sleeën honderd kilometer over de bevroren Yukon rivier.
Giraron a la izquierda y siguieron el sendero hacia Stewart.
Ze sloegen linksaf en volgden het pad naar de Stewart.
Pasaron Mayo y McQuestion y siguieron adelante.
Ze passeerden de Mayo en McQuestion en liepen steeds verder.
El río Stewart se encogió y se convirtió en un arroyo, atravesando picos irregulares.
De Stewart kromp tot een stroom met grillige pieken.

Estos picos afilados marcaban la columna vertebral del continente.
Deze scherpe pieken vormden de ruggengraat van het continent.
John Thornton exigía poco a los hombres y a la tierra salvaje.
John Thornton stelde weinig eisen aan de mensen of aan de wildernis.
No temía a nada de la naturaleza y se enfrentaba a lo salvaje con facilidad.
Hij was nergens bang voor in de natuur en trotseerde de wildernis met gemak.
Con sólo sal y un rifle, podría viajar a donde quisiera.
Met alleen zout en een geweer kon hij reizen waarheen hij wilde.
Al igual que los nativos, cazaba alimentos mientras viajaba.
Net als de inheemse bevolking ging hij op jacht naar voedsel tijdens zijn reizen.
Si no pescaba nada, seguía adelante, confiando en que la suerte le acompañaría.
Als hij niets ving, ging hij gewoon door, vertrouwend op het geluk dat hem te wachten stond.
En este largo viaje, la carne era lo principal que comían.
Tijdens deze lange reis was vlees het belangrijkste voedsel.
El trineo contenía herramientas y municiones, pero no un horario estricto.
De slee bevatte gereedschap en munitie, maar er was geen sprake van een vast tijdschema.
A Buck le encantaba este vagabundeo, la caza y la pesca interminables.
Buck hield van dit omzwervingen; van het eindeloze jagen en vissen.
Durante semanas estuvieron viajando día tras día.
Wekenlang waren ze dag in dag uit op reis.
Otras veces montaban campamentos y permanecían allí durante semanas.
Soms zetten ze kampen op en bleven dan wekenlang stil.

Los perros descansaron mientras los hombres cavaban en la tierra congelada.
De honden rustten uit terwijl de mannen door de bevroren grond groeven.
Calentaron sartenes sobre el fuego y buscaron oro escondido.
Ze verwarmden pannen op vuren en zochten naar verborgen goud.
Algunos días pasaban hambre y otros días tenían fiestas.
Soms leden ze honger, en andere dagen vierden ze feest.
Sus comidas dependían de la presa y de la suerte de la caza.
Hun maaltijden waren afhankelijk van het wild en het geluk bij de jacht.
Cuando llegaba el verano, los hombres y los perros cargaban cargas sobre sus espaldas.
Toen de zomer aanbrak, namen mannen en honden allerlei lasten op hun rug.
Navegaron por lagos azules escondidos en bosques de montaña.
Ze raften over blauwe meren die verborgen lagen in de bergbossen.
Navegaban en delgadas embarcaciones por ríos que ningún hombre había cartografiado jamás.
Ze voeren in smalle bootjes over rivieren die nog nooit door iemand in kaart waren gebracht.
Esos barcos se construyeron a partir de árboles que cortaban en la naturaleza.
Die boten waren gemaakt van bomen die ze in het wild hadden omgezaagd.

Los meses pasaron y ellos serpentearon por tierras salvajes y desconocidas.
De maanden verstreken en ze kronkelden door de wilde, onbekende streken.
No había hombres allí, aunque había rastros antiguos que indicaban que había habido hombres.

Er waren geen mannen aanwezig, maar oude sporen wezen erop dat er wel mannen waren geweest.
Si la Cabaña Perdida fue real, entonces otras personas habían pasado por allí alguna vez.
Als de Lost Cabin echt is, dan zijn er ook anderen langs gekomen.
Cruzaron pasos altos en medio de tormentas de nieve, incluso en verano.
Ze staken tijdens sneeuwstormen hoge bergpassen over, zelfs in de zomer.
Temblaban bajo el sol de medianoche en las laderas desnudas de las montañas.
Ze rilden onder de middernachtzon op de kale berghellingen.
Entre la línea de árboles y los campos de nieve, subieron lentamente.
Tussen de boomgrens en de sneeuwvelden klommen ze langzaam.
En los valles cálidos, aplastaban nubes de mosquitos y moscas.
In warme valleien sloegen ze op wolken muggen en vliegen af.
Recogieron bayas dulces cerca de los glaciares en plena floración del verano.
Ze plukten zoete bessen vlak bij gletsjers die in de zomer volop in bloei stonden.
Las flores que encontraron eran tan hermosas como las de las Tierras del Sur.
De bloemen die ze vonden waren net zo mooi als die in het Zuiden.
Ese otoño llegaron a una región solitaria llena de lagos silenciosos.
Die herfst bereikten ze een eenzaam gebied vol stille meren.
La tierra estaba triste y vacía, una vez llena de pájaros y bestias.
Het land was triest en leeg. Ooit was het een plek vol vogels en dieren.

Ahora no había vida, sólo el viento y el hielo formándose en charcos.
Er was geen leven meer, alleen de wind en het ijs dat zich vormde in de plassen.
Las olas golpeaban las orillas vacías con un sonido suave y triste.
Golven klotsten tegen de lege kusten met een zacht, treurig geluid.

Llegó otro invierno y volvieron a seguir los viejos y tenues senderos.
Er brak een nieuwe winter aan en ze volgden weer vage, oude paden.
Éstos eran los rastros de hombres que habían buscado mucho antes que ellos.
Dit waren de sporen van mannen die al lang vóór hen op zoek waren.
Un día encontraron un camino que se adentraba profundamente en el bosque oscuro.
Op een dag vonden ze een pad diep in het donkere bos.
Era un sendero antiguo y sintieron que la cabaña perdida estaba cerca.
Het was een oud pad en ze hadden het gevoel dat de verloren hut dichtbij was.
Pero el sendero no conducía a ninguna parte y se perdía en el espeso bosque.
Maar het pad leidde nergens heen en verdween in het dichte bos.
Nadie sabe quién hizo el sendero ni por qué lo hizo.
Wie het pad ook had aangelegd en waarom, niemand wist het.
Más tarde encontraron los restos de una cabaña escondidos entre los árboles.
Later vonden ze het wrak van een hut, verscholen tussen de bomen.
Mantas podridas yacían esparcidas donde alguna vez alguien había dormido.

Rottende dekens lagen verspreid op de plek waar ooit iemand had geslapen.
John Thornton encontró una pistola de chispa de cañón largo enterrada en el interior.
John Thornton vond er een vuursteengeweer met een lange loop in begraven.
Sabía que se trataba de un cañón de la Bahía de Hudson desde los primeros días de su comercialización.
Hij wist al vanaf het begin dat dit een Hudson Bay-geweer was.
En aquella época, estas armas se intercambiaban por montones de pieles de castor.
In die tijd werden zulke geweren geruild voor stapels bevervellen.
Eso fue todo: no quedó ninguna pista del hombre que construyó el albergue.
Dat was alles. Er was geen spoor meer over van de man die de lodge had gebouwd.

Llegó nuevamente la primavera y no encontraron ninguna señal de la Cabaña Perdida.
De lente brak weer aan en er was geen spoor te bekennen van de Verloren Hut.
En lugar de eso encontraron un valle amplio con un arroyo poco profundo.
In plaats daarvan vonden ze een brede vallei met een ondiepe beek.
El oro se extendía sobre el fondo de las sartenes como mantequilla suave y amarilla.
Het goud lag op de bodem van de pannen, als gladde, gele boter.
Se detuvieron allí y no buscaron más la cabaña.
Ze bleven daar staan en zochten niet verder naar de hut.
Cada día trabajaban y encontraban miles en polvo de oro.
Elke dag werkten ze en vonden duizenden exemplaren in goudstof.

Empaquetaron el oro en bolsas de piel de alce, de cincuenta libras cada una.
Ze verpakten het goud in zakken van elandenhuid, elk 50 kilo zwaar.
Las bolsas estaban apiladas como leña afuera de su pequeña cabaña.
De zakken stonden als brandhout opgestapeld buiten hun kleine hut.
Trabajaron como gigantes y los días pasaban como sueños rápidos.
Ze werkten als reuzen en de dagen vlogen voorbij als dromen die snel voorbijgingen.
Acumularon tesoros a medida que los días interminables transcurrían rápidamente.
Ze verzamelden schatten terwijl de eindeloze dagen snel voorbijgingen.
Los perros no tenían mucho que hacer excepto transportar carne de vez en cuando.
De honden hadden weinig anders te doen dan af en toe vlees te slepen.
Thornton cazó y mató el animal, y Buck se quedó tendido junto al fuego.
Thornton jaagde en doodde het wild, terwijl Buck bij het vuur lag.
Pasó largas horas en silencio, perdido en sus pensamientos y recuerdos.
Hij bracht lange uren in stilte door, verloren in gedachten en herinneringen.
La imagen del hombre peludo venía cada vez más a la mente de Buck.
Het beeld van de harige man kwam steeds vaker in gedachten bij Buck.
Ahora que el trabajo escaseaba, Buck soñaba mientras parpadeaba ante el fuego.
Nu het werk schaars was, droomde Buck terwijl hij met zijn ogen knipperend naar het vuur keek.
En esos sueños, Buck vagaba con el hombre en otro mundo.

In die dromen zwierf Buck met de man rond in een andere wereld.
El miedo parecía el sentimiento más fuerte en ese mundo distante.
Angst leek het sterkste gevoel in die verre wereld.
Buck vio al hombre peludo dormir con la cabeza gacha.
Buck zag de harige man slapen met zijn hoofd gebogen.
Tenía las manos entrelazadas y su sueño era inquieto y entrecortado.
Hij had zijn handen gevouwen en sliep onrustig en onderbroken.
Solía despertarse sobresaltado y mirar con miedo hacia la oscuridad.
Hij schrok vaak wakker en staarde angstig in de duisternis.
Luego echaba más leña al fuego para mantener la llama brillante.
Dan gooide hij meer hout op het vuur om de vlam brandend te houden.
A veces caminaban por una playa junto a un mar gris e interminable.
Soms liepen ze langs een strand met een eindeloze, grijze zee.
El hombre peludo recogía mariscos y los comía mientras caminaba.
De harige man verzamelde schelpdieren en at ze terwijl hij liep.
Sus ojos buscaban siempre peligros ocultos en las sombras.
Zijn ogen zochten voortdurend naar verborgen gevaren in de schaduwen.
Sus piernas siempre estaban listas para correr ante la primera señal de amenaza.
Zijn benen stonden altijd klaar om te sprinten zodra er sprake was van dreiging.
Se arrastraron por el bosque, silenciosos y cautelosos, uno al lado del otro.
Ze slopen zij aan zij, stil en op hun hoede, door het bos.
Buck lo siguió de cerca y ambos se mantuvieron alerta.
Buck volgde hem op de hielen en ze bleven allebei alert.

Sus orejas se movían y temblaban, sus narices olfateaban el aire.

Hun oren trilden en bewogen, hun neuzen snuffelden in de lucht.

El hombre podía oír y oler el bosque tan agudamente como Buck.

De man kon het bos net zo scherp horen en ruiken als Buck.

El hombre peludo se balanceó entre los árboles con una velocidad repentina.

De harige man zwaaide met plotselinge snelheid door de bomen.

Saltaba de rama en rama sin perder nunca su agarre.

Hij sprong van tak naar tak, zonder zijn grip te verliezen.

Se movió tan rápido sobre el suelo como sobre él.

Hij bewoog zich net zo snel boven de grond als erop.

Buck recordó las largas noches bajo los árboles, haciendo guardia.

Buck herinnert zich de lange nachten dat hij onder de bomen de wacht hield.

El hombre dormía recostado en las ramas, aferrado fuertemente.

De man sliep terwijl hij zich stevig vastklampte aan de takken.

Esta visión del hombre peludo estaba estrechamente ligada al llamado profundo.

Dit beeld van de harige man was nauw verbonden met de diepe roep.

El llamado aún resonaba en el bosque con una fuerza inquietante.

De roep klonk nog steeds met een spookachtige kracht door het bos.

La llamada llenó a Buck de anhelo y una inquieta sensación de alegría.

De oproep vervulde Buck met verlangen en een rusteloos gevoel van vreugde.

Sintió impulsos y agitaciones extrañas que no podía nombrar.

Hij voelde vreemde verlangens en bewegingen die hij niet kon benoemen.
A veces seguía la llamada hasta lo profundo del tranquilo bosque.
Soms volgde hij de roep tot diep in het stille bos.
Buscó el llamado, ladrando suave o agudamente mientras caminaba.
Hij zocht naar de roep en blafte zachtjes of hard terwijl hij verder ging.
Olfateó el musgo y la tierra negra donde crecían las hierbas.
Hij besnuffelde het mos en de zwarte aarde waar het gras groeide.
Resopló de alegría ante los ricos olores de la tierra profunda.
Hij snoof van genot bij het ruiken van de rijke geuren uit de diepe aarde.
Se agazapó durante horas detrás de troncos cubiertos de hongos.
Hij hurkte urenlang achter met schimmel bedekte stammen.
Se quedó quieto, escuchando con los ojos muy abiertos cada pequeño sonido.
Hij bleef stil zitten en luisterde met grote ogen naar elk klein geluidje.
Quizás esperaba sorprender al objeto que le había hecho el llamado.
Misschien hoopte hij hiermee het wezen dat de oproep deed te verrassen.
Él no sabía por qué actuaba así: simplemente lo hacía.
Hij wist niet waarom hij zo handelde. Hij deed het gewoon.
Los impulsos venían desde lo más profundo, más allá del pensamiento o la razón.
De aandrang kwam van diep van binnen, voorbij het denken en de rede.
Impulsos irresistibles se apoderaron de Buck sin previo aviso ni razón.
Zonder waarschuwing of reden werd Buck overvallen door onweerstaanbare verlangens.

A veces dormitaba perezosamente en el campamento bajo el calor del mediodía.
Soms lag hij lui te doezelen in het kamp, in de middaghitte.
De repente, su cabeza se levantó y sus orejas se levantaron en alerta.
Opeens hief hij zijn hoofd op en richtte zijn oren zich op de waarschuwingssignalen.
Entonces se levantó de un salto y se lanzó hacia lo salvaje sin detenerse.
Toen sprong hij overeind en rende zonder aarzelen de wildernis in.
Corrió durante horas por senderos forestales y espacios abiertos.
Hij rende urenlang door bospaden en open ruimtes.
Le encantaba seguir los lechos de los arroyos secos y espiar a los pájaros en los árboles.
Hij hield ervan om droge kreekbeddingen te observeren en vogels in de bomen te bespieden.
Podría permanecer escondido todo el día, mirando a las perdices pavonearse.
Hij zou de hele dag verborgen kunnen blijven en naar de rondparaderende patrijzen kunnen kijken.
Ellos tamborilearon y marcharon, sin percatarse de la presencia todavía de Buck.
Ze trommelden en marcheerden, zich niet bewust van de stille aanwezigheid van Buck.
Pero lo que más le gustaba era correr al atardecer en verano.
Maar het allerleukste vond hij hardlopen in de schemering van de zomer.
La tenue luz y los sonidos soñolientos del bosque lo llenaron de alegría.
Het schemerige licht en de slaperige geluiden van het bos vervulden hem met vreugde.
Leyó las señales del bosque tan claramente como un hombre lee un libro.
Hij las de aanwijzingen in het bos zo duidelijk als een man een boek leest.

Y siempre buscaba aquella cosa extraña que lo llamaba.
En hij bleef zoeken naar het vreemde ding dat hem riep.
Ese llamado nunca se detuvo: lo alcanzaba despierto o dormido.
Die roeping hield nooit op; hij bleef hem roepen, of hij nu wakker was of sliep.

Una noche, se despertó sobresaltado, con los ojos alerta y las orejas alerta.
Op een nacht werd hij met een schok wakker, met scherpe ogen en gespitste oren.
Sus fosas nasales se crisparon mientras su melena se erizaba en ondas.
Zijn neusgaten trilden en zijn manen stonden in golven overeind.
Desde lo profundo del bosque volvió a oírse el sonido, el viejo llamado.
Diep uit het bos klonk weer het geluid, de oude roep.
Esta vez el sonido sonó claro, un aullido largo, inquietante y familiar.
Deze keer klonk het geluid duidelijk, een lang, spookachtig en bekend gehuil.
Era como el grito de un husky, pero extraño y salvaje en tono.
Het klonk als de roep van een husky, maar dan vreemd en wild van toon.
Buck reconoció el sonido al instante: había oído exactamente el mismo sonido hacía mucho tiempo.
Buck herkende het geluid meteen: hij had het geluid al lang geleden gehoord.
Saltó a través del campamento y desapareció rápidamente en el bosque.
Hij sprong door het kamp en verdween snel in het bos.
A medida que se acercaba al sonido, disminuyó la velocidad y se movió con cuidado.
Toen hij dichterbij het geluid kwam, vertraagde hij zijn pas en bewoog hij zich voorzichtig voort.

Pronto llegó a un claro entre espesos pinos.
Al snel bereikte hij een open plek tussen de dichte pijnbomen.
Allí, erguido sobre sus cuartos traseros, estaba sentado un lobo de bosque alto y delgado.
Daar, rechtop zittend, zat een grote, magere wolf.
La nariz del lobo apuntaba hacia el cielo, todavía haciendo eco del llamado.
De neus van de wolf wees naar de hemel en bleef de roep echoën.
Buck no había emitido ningún sonido, pero el lobo se detuvo y escuchó.
Buck maakte geen enkel geluid, maar de wolf bleef staan en luisterde.
Sintiendo algo, el lobo se tensó y buscó en la oscuridad.
Toen de wolf iets voelde, spande hij zich in en begon de duisternis af te zoeken.
Buck apareció sigilosamente, con el cuerpo agachado y los pies quietos sobre el suelo.
Buck kwam in beeld, zijn lichaam gebogen, zijn voeten stil op de grond.
Su cola estaba recta y su cuerpo enroscado por la tensión.
Zijn staart was recht en zijn lichaam was strak gespannen.
Mostró al mismo tiempo una amenaza y una especie de amistad ruda.
Hij toonde zowel dreiging als een soort ruwe vriendschap.
Fue el saludo cauteloso que compartían las bestias salvajes.
Het was de voorzichtige begroeting van wilde dieren.
Pero el lobo se dio la vuelta y huyó tan pronto como vio a Buck.
Maar de wolf draaide zich om en vluchtte zodra hij Buck zag.
Buck lo persiguió, saltando salvajemente, ansioso por alcanzarlo.
Buck zette de achtervolging in en sprong wild, in de hoop hem in te halen.
Siguió al lobo hasta un arroyo seco bloqueado por un atasco de madera.

Hij volgde de wolf een droge kreek in, die geblokkeerd werd door een stuk hout.
Acorralado, el lobo giró y se mantuvo firme.
In het nauw gedreven draaide de wolf zich om en bleef staan.
El lobo gruñó y mordió a su presa como un perro husky atrapado en una pelea.
De wolf gromde en beet als een gevangen husky in een gevecht.
Los dientes del lobo chasquearon rápidamente y su cuerpo se erizó de furia salvaje.
De tanden van de wolf klikten snel en zijn lichaam straalde van woede.
Buck no atacó, sino que rodeó al lobo con cautelosa amabilidad.
Buck viel niet aan, maar liep met voorzichtige en vriendelijke handjes om de wolf heen.
Intentó bloquear su escape con movimientos lentos e inofensivos.
Hij probeerde zijn ontsnapping te blokkeren met langzame, ongevaarlijke bewegingen.
El lobo estaba cauteloso y asustado: Buck pesaba tres veces más que él.
De wolf was op zijn hoede en bang. Buck was drie keer zo zwaar als hij.
La cabeza del lobo apenas llegaba hasta el enorme hombro de Buck.
De kop van de wolf reikte nauwelijks tot aan Bucks enorme schouder.
Al acecho de un hueco, el lobo salió disparado y la persecución comenzó de nuevo.
De wolf zocht naar een opening, ging ervandoor en de achtervolging begon opnieuw.
Varias veces Buck lo acorraló y el baile se repitió.
Buck dreef hem meerdere malen in het nauw, en de dans herhaalde zich.
El lobo estaba delgado y débil, de lo contrario Buck no podría haberlo atrapado.

De wolf was mager en zwak, anders had Buck hem niet kunnen vangen.
Cada vez que Buck se acercaba, el lobo giraba y lo enfrentaba con miedo.
Elke keer dat Buck dichterbij kwam, draaide de wolf zich om en keek hem angstig aan.
Luego, a la primera oportunidad, se lanzó de nuevo al bosque.
Toen hij de eerste de beste kans kreeg, rende hij opnieuw het bos in.
Pero Buck no se dio por vencido y finalmente el lobo comenzó a confiar en él.
Maar Buck gaf niet op en uiteindelijk kreeg de wolf vertrouwen in hem.
Olió la nariz de Buck y los dos se pusieron juguetones y alertas.
Hij snoof aan Bucks neus en de twee werden speels en alert.
Jugaban como animales salvajes, feroces pero tímidos en su alegría.
Ze speelden als wilde dieren, woest maar toch verlegen van vreugde.
Después de un rato, el lobo se alejó trotando con calma y propósito.
Na een tijdje draafde de wolf kalm en vastberaden weg.
Le demostró claramente a Buck que tenía la intención de que lo siguieran.
Hij maakte Buck duidelijk dat hij gevolgd wilde worden.
Corrieron uno al lado del otro a través de la penumbra del crepúsculo.
Ze renden zij aan zij door de duisternis van de schemering.
Siguieron el lecho del arroyo hasta el desfiladero rocoso.
Ze volgden de kreekbedding tot in de rotsachtige kloof.
Cruzaron una divisoria fría donde había comenzado el arroyo.
Ze staken een koude waterscheiding over waar de beek begon.
En la ladera más alejada encontraron un extenso bosque y numerosos arroyos.

Op de verre helling vonden ze uitgestrekte bossen en veel beken.
Por esta vasta tierra corrieron durante horas sin parar.
Ze renden urenlang door dit uitgestrekte land, zonder te stoppen.
El sol salió más alto, el aire se calentó, pero ellos siguieron corriendo.
De zon kwam hoger op, de lucht werd warmer, maar ze renden verder.
Buck estaba lleno de alegría: sabía que estaba respondiendo a su llamado.
Buck was vervuld van vreugde: hij wist dat hij zijn roeping volgde.
Corrió junto a su hermano del bosque, más cerca de la fuente del llamado.
Hij rende naast zijn bosbroeder, dichter bij de bron van de oproep.
Los viejos sentimientos regresaron, poderosos y difíciles de ignorar.
Oude gevoelens kwamen terug, krachtig en moeilijk te negeren.
Éstas eran las verdades detrás de los recuerdos de sus sueños.
Dit waren de waarheden achter de herinneringen uit zijn dromen.
Todo esto ya lo había hecho antes, en un mundo distante y sombrío.
Hij had dit allemaal al eerder gedaan in een verre, duistere wereld.
Ahora lo hizo de nuevo, corriendo salvajemente con el cielo abierto encima.
Nu deed hij dit nog een keer, hij rende wild rond in de open lucht.
Se detuvieron en un arroyo para beber del agua fría que fluía.
Ze hielden halt bij een beek om van het koude, stromende water te drinken.

Mientras bebía, Buck de repente recordó a John Thornton.
Terwijl hij dronk, herinnerde Buck zich plotseling John Thornton.
Se sentó en silencio, desgarrado por la atracción de la lealtad y el llamado.
Hij ging in stilte zitten, verscheurd door de aantrekkingskracht van loyaliteit en de roeping.
El lobo siguió trotando, pero regresó para impulsar a Buck a seguir adelante.
De wolf draafde verder, maar kwam later terug om Buck aan te sporen verder te gaan.
Le olisqueó la nariz y trató de convencerlo con gestos suaves.
Hij snoof aan zijn neus en probeerde hem met zachte gebaren te verleiden.
Pero Buck se dio la vuelta y comenzó a regresar por donde había venido.
Maar Buck draaide zich om en liep dezelfde weg terug.
El lobo corrió a su lado durante un largo rato, gimiendo silenciosamente.
De wolf rende een hele tijd naast hem en jankte zachtjes.
Luego se sentó, levantó la nariz y dejó escapar un largo aullido.
Toen ging hij zitten, hief zijn neus op en liet een langgerekte huil horen.
Fue un grito triste, que se suavizó cuando Buck se alejó.
Het was een treurige kreet, die zachter werd toen Buck wegliep.
Buck escuchó mientras el sonido del grito se desvanecía lentamente en el silencio del bosque.
Buck luisterde terwijl het geluid van de kreet langzaam overging in de stilte van het bos.
John Thornton estaba cenando cuando Buck irrumpió en el campamento.
John Thornton was aan het eten toen Buck het kamp binnenstormde.
Buck saltó sobre él salvajemente, lamiéndolo, mordiéndolo y haciéndolo caer.

Buck sprong wild op hem, likte, beet en gooide hem omver.
Lo derribó, se subió encima y le besó la cara.
Hij gooide hem omver, klom erop en kuste zijn gezicht.
Thornton lo llamó con cariño "hacer el tonto en general".
Thornton noemde dit met liefde 'de generaal de dwaas uithangen'.
Mientras tanto, maldijo a Buck suavemente y lo sacudió de un lado a otro.
Ondertussen vervloekte hij Buck zachtjes en schudde hem heen en weer.
Durante dos días y dos noches enteras, Buck no abandonó el campamento ni una sola vez.
Twee hele dagen en nachten verliet Buck het kamp niet.
Se mantuvo cerca de Thornton y nunca lo perdió de vista.
Hij bleef dicht bij Thornton en verloor hem geen moment uit het oog.
Lo siguió mientras trabajaba y lo observó mientras comía.
Hij volgde hem terwijl hij werkte en keek hem na terwijl hij at.
Acompañaba a Thornton con sus mantas por la noche y lo salía cada mañana.
Hij zag Thornton 's nachts onder zijn dekens en elke ochtend er weer uit.
Pero pronto el llamado del bosque regresó, más fuerte que nunca.
Maar al snel kwam de roep van het bos terug, luider dan ooit tevoren.
Buck volvió a inquietarse, agitado por los pensamientos del lobo salvaje.
Buck werd weer onrustig, hij dacht alleen maar aan de wilde wolf.
Recordó el terreno abierto y correr uno al lado del otro.
Hij herinnerde zich het open land en het naast elkaar leven.
Comenzó a vagar por el bosque una vez más, solo y alerta.
Hij begon opnieuw door het bos te dwalen, alleen en alert.
Pero el hermano salvaje no regresó y el aullido no se escuchó.

Maar de wilde broer kwam niet terug, en het gehuil werd niet gehoord.
Buck comenzó a dormir a la intemperie, manteniéndose alejado durante días.
Buck begon buiten te slapen en bleef soms dagenlang weg.
Una vez cruzó la alta divisoria donde había comenzado el arroyo.
Toen hij de hoge waterscheiding overstak waar de kreek begon.
Entró en la tierra de la madera oscura y de los arroyos anchos y fluidos.
Hij betrad het land van het donkere bos en de brede stromende beken.
Durante una semana vagó en busca de señales del hermano salvaje.
Een week lang zwierf hij rond, op zoek naar sporen van zijn wilde broer.
Mataba su propia carne y viajaba con pasos largos e incansables.
Hij slachtte zijn eigen vlees en reisde met lange, onvermoeibare stappen.
Pescaba salmón en un ancho río que llegaba al mar.
Hij viste op zalm in een brede rivier die tot aan de zee reikte.
Allí luchó y mató a un oso negro enloquecido por los insectos.
Daar vocht hij tegen een zwarte beer die gek was geworden van insecten, en doodde hem.
El oso estaba pescando y corrió ciegamente entre los árboles.
De beer was aan het vissen en rende blind door de bomen.
La batalla fue feroz y despertó el profundo espíritu de lucha de Buck.
Het was een heftige strijd, die Bucks vechtlust aanwakkerde.
Dos días después, Buck regresó y encontró glotones en su presa.
Twee dagen later keerde Buck terug en trof veelvraten aan bij zijn prooi.

Una docena de ellos se pelearon con furia y ruidosidad por la carne.
Een tiental van hen begonnen luidruchtig en woedend ruzie te maken over het vlees.
Buck cargó y los dispersó como hojas en el viento.
Buck stormde erop af en verspreidde ze als bladeren in de wind.
Dos lobos permanecieron atrás, silenciosos, sin vida e inmóviles para siempre.
Twee wolven bleven achter – stil, levenloos en onbeweeglijk voor altijd.
La sed de sangre se hizo más fuerte que nunca.
De bloeddorst werd groter dan ooit.
Buck era un cazador, un asesino, que se alimentaba de criaturas vivas.
Buck was een jager, een moordenaar die zich voedde met levende wezens.
Sobrevivió solo, confiando en su fuerza y sus sentidos agudos.
Hij overleefde alleen, vertrouwend op zijn kracht en scherpe zintuigen.
Prosperó en la naturaleza, donde sólo los más resistentes podían vivir.
Hij gedijde in de wildernis, waar alleen de sterkste dieren konden leven.
A partir de esto, un gran orgullo surgió y llenó todo el ser de Buck.
Hieruit ontstond een grote trots die Bucks hele wezen vulde.
Su orgullo se reflejaba en cada uno de sus pasos, en el movimiento de cada músculo.
Zijn trots was zichtbaar in iedere stap die hij zette, in de bewegingen van iedere spier.
Su orgullo era tan claro como sus palabras, y se reflejaba en su manera de comportarse.
Zijn trots was duidelijk te merken aan de manier waarop hij zich gedroeg.

Incluso su grueso pelaje parecía más majestuoso y brillaba más.
Zelfs zijn dikke vacht zag er majestueuzer uit en glansde helderder.
Buck podría haber sido confundido con un lobo gigante.
Buck zou aangezien kunnen worden voor een gigantische wolf.
A excepción del color marrón en el hocico y las manchas sobre los ojos.
Behalve bruin op zijn snuit en vlekken boven zijn ogen.
Y la raya blanca de pelo que corría por el centro de su pecho.
En de witte streep vacht die over het midden van zijn borst liep.
Era incluso más grande que el lobo más grande de esa feroz raza.
Hij was zelfs groter dan de grootste wolf van dat woeste ras.
Su padre, un San Bernardo, le dio tamaño y complexión robusta.
Zijn vader, een Sint-Bernard, gaf hem zijn formaat en zware postuur.
Su madre, una pastora, moldeó esa masa hasta darle forma de lobo.
Zijn moeder, een herderin, vormde dat lichaam tot een wolfachtige vorm.
Tenía el hocico largo de un lobo, aunque más pesado y ancho.
Hij had de lange snuit van een wolf, maar was ook zwaarder en breder.
Su cabeza era la de un lobo, pero construida en una escala enorme y majestuosa.
Zijn kop was die van een wolf, maar dan enorm en majestueus.
La astucia de Buck era la astucia del lobo y de la naturaleza.
Bucks sluwheid was vergelijkbaar met de sluwheid van de wolf en de wildernis.
Su inteligencia provenía tanto del pastor alemán como del san bernardo.

Zijn intelligentie kwam van zowel de Duitse herder als de Sint-Bernard.
Todo esto, más la dura experiencia, lo convirtieron en una criatura temible.
Dit alles, plus zijn zware ervaringen, maakten hem tot een angstaanjagend wezen.
Era tan formidable como cualquier bestia que vagaba por las tierras salvajes del norte.
Hij was even geducht als elk ander dier dat in de noordelijke wildernis rondzwierf.
Viviendo sólo de carne, Buck alcanzó el máximo nivel de su fuerza.
Buck bereikte het toppunt van zijn kracht door alleen van vlees te leven.
Rebosaba poder y fuerza masculina en cada fibra de él.
Hij straalde kracht en mannelijke energie uit in elke vezel van hem.
Cuando Thornton le acarició la espalda, sus pelos brillaron con energía.
Toen Thornton over zijn rug streek, begonnen zijn haren te stralen van energie.
Cada cabello crujió, cargado con el toque de un magnetismo vivo.
Elk haartje knetterde, geladen met een vleugje levend magnetisme.
Su cuerpo y su cerebro estaban afinados al máximo nivel posible.
Zijn lichaam en hersenen stonden op de hoogst mogelijke toonhoogte.
Cada nervio, fibra y músculo trabajaba en perfecta armonía.
Elke zenuw, vezel en spier werkte in perfecte harmonie samen.
Ante cualquier sonido o visión que requiriera acción, él respondía instantáneamente.
Op elk geluid of beeld dat om actie vroeg, reageerde hij onmiddellijk.

Si un husky saltaba para atacar, Buck podía saltar el doble de rápido.
Als een husky zou aanvallen, kon Buck twee keer zo snel springen.
Reaccionó más rápido de lo que los demás pudieron verlo o escuchar.
Hij reageerde sneller dan anderen konden zien of horen.
La percepción, la decisión y la acción se produjeron en un momento fluido.
Perceptie, beslissing en actie kwamen allemaal op één vloeiend moment tot stand.
En realidad, estos actos fueron separados, pero demasiado rápidos para notarlos.
Eigenlijk vonden deze handelingen los van elkaar plaats, maar ze vonden te snel plaats om op te merken.
Los intervalos entre estos actos fueron tan breves que parecían uno solo.
De periodes tussen de acts waren zo kort dat het leek alsof ze één waren.
Sus músculos y su ser eran como resortes fuertemente enrollados.
Zijn spieren en lichaam leken op strak opgerolde veren.
Su cuerpo rebosaba de vida, salvaje y alegre en su poder.
Zijn lichaam bruiste van leven, wild en vreugdevol in zijn kracht.
A veces sentía como si la fuerza fuera a estallar fuera de él por completo.
Soms had hij het gevoel dat de kracht volledig uit hem zou barsten.
"Nunca vi un perro así", dijo Thornton un día tranquilo.
"Er is nog nooit zo'n hond geweest", zei Thornton op een rustige dag.
Los socios observaron a Buck alejarse orgullosamente del campamento.
De partners keken toe hoe Buck trots het kamp verliet.
"Cuando lo crearon, cambió lo que un perro puede ser", dijo Pete.

"Toen hij werd gemaakt, veranderde hij wat een hond kan zijn", zei Pete.

—¡Por Dios! Yo también lo creo —respondió Hans rápidamente.

"Jeetje! Dat denk ik zelf ook," beaamde Hans snel.

Lo vieron marcharse, pero no el cambio que vino después.

Ze zagen hem wegmarcheren, maar niet de verandering die daarop volgde.

Tan pronto como entró en el bosque, Buck se transformó por completo.

Zodra Buck het bos inkwam, veranderde hij volledig.

Ya no marchaba, sino que se movía como un fantasma salvaje entre los árboles.

Hij marcheerde niet meer, maar bewoog zich als een wilde geest tussen de bomen.

Se quedó en silencio, con pasos de gato, un destello que pasaba entre las sombras.

Hij werd stil, liep op spreidvoeten, een flikkering gleed door de schaduwen.

Utilizó la cubierta con habilidad, arrastrándose sobre su vientre como una serpiente.

Hij maakte handig gebruik van dekking en kroop op zijn buik als een slang.

Y como una serpiente, podía saltar hacia adelante y atacar en silencio.

En net als een slang kon hij naar voren springen en geluidloos toeslaan.

Podría robar una perdiz nival directamente de su nido escondido.

Hij kon een sneeuwhoen zo uit zijn verborgen nest stelen.

Mató conejos dormidos sin hacer un solo sonido.

Hij doodde slapende konijnen zonder ook maar één geluid te maken.

Podía atrapar ardillas en el aire cuando huían demasiado lentamente.

Hij kon chipmunks in de lucht vangen als ze te langzaam vluchtten.

Ni siquiera los peces en los estanques podían escapar de sus ataques repentinos.
Zelfs vissen in vijvers konden niet ontsnappen aan zijn plotselinge aanvallen.
Ni siquiera los castores más inteligentes que arreglaban presas estaban a salvo de él.
Zelfs de slimme bevers die dammen bouwden, waren niet veilig voor hem.
Él mataba por comida, no por diversión, pero prefería matar a sus propias víctimas.
Hij doodde voor het eten, niet voor de lol, maar hij vond zijn eigen doden het leukst.
Aun así, un humor astuto impregnaba algunas de sus cacerías silenciosas.
Toch zat er een vleugje sluwe humor in sommige van zijn stille jachten.
Se acercó sigilosamente a las ardillas, pero las dejó escapar.
Hij sloop dicht bij de eekhoorns, maar liet ze vervolgens ontsnappen.
Iban a huir hacia los árboles, parloteando con terrible indignación.
Ze wilden vluchten naar de bomen, terwijl ze angstig en verontwaardigd kletsten.
A medida que llegaba el otoño, los alces comenzaron a aparecer en mayor número.
Toen de herfst kwam, verschenen er steeds meer elanden.
Avanzaron lentamente hacia los valles bajos para encontrarse con el invierno.
Ze trokken langzaam de lage valleien in om de winter te trotseren.
Buck ya había derribado a un ternero joven y perdido.
Buck had al een jong, verdwaald kalf neergehaald.
Pero anhelaba enfrentarse a presas más grandes y peligrosas.
Maar hij verlangde ernaar om grotere, gevaarlijkere prooien te trotseren.
Un día, en la divisoria, a la altura del nacimiento del arroyo, encontró su oportunidad.

Op een dag, aan de bron van de kreek, zag hij zijn kans.
Una manada de veinte alces había cruzado desde tierras boscosas.
Een kudde van twintig elanden was vanuit bosgebied de grens overgestoken.
Entre ellos había un poderoso toro; el líder del grupo.
Onder hen was een grote stier; de leider van de groep.
El toro medía más de seis pies de alto y parecía feroz y salvaje.
De stier was ruim 1,80 meter hoog en zag er woest en wild uit.
Lanzó sus anchas astas, con catorce puntas ramificándose hacia afuera.
Hij gooide zijn brede gewei omhoog, waarvan de veertien punten naar buiten vertakten.
Las puntas de esas astas se extendían siete pies de ancho.
De uiteinden van die geweien waren ruim twee meter breed.
Sus pequeños ojos ardieron de rabia cuando vio a Buck cerca.
Zijn kleine ogen brandden van woede toen hij Buck in de buurt zag.
Soltó un rugido furioso, temblando de furia y dolor.
Hij slaakte een woedend gebrul en beefde van woede en pijn.
Una punta de flecha sobresalía cerca de su flanco, emplumada y afilada.
Aan zijn flank stak een puntige pijl uit, gevederd en scherp.
Esta herida ayudó a explicar su humor salvaje y amargado.
Deze wond hielp zijn grimmige, bittere humeur te verklaren.
Buck, guiado por su antiguo instinto de caza, hizo su movimiento.
Geleid door een oud jachtinstinct, sloeg Buck toe.
Su objetivo era separar al toro del resto de la manada.
Zijn doel was om de stier van de rest van de kudde af te scheiden.
No fue una tarea fácil: requirió velocidad y una astucia feroz.
Dat was geen gemakkelijke opgave. Er was snelheid en enorme sluwheid voor nodig.
Ladró y bailó cerca del toro, fuera de su alcance.

Hij blafte en danste vlakbij de stier, net buiten bereik.
El alce atacó con enormes pezuñas y astas mortales.
De eland sprong naar voren met zijn enorme hoeven en dodelijke geweien.
Un golpe podría haber acabado con la vida de Buck en un instante.
Eén klap had Buck's leven in een oogwenk kunnen beëindigen.
Incapaz de dejar atrás la amenaza, el toro se volvió loco.
De stier kon de dreiging niet achter zich laten en werd gek.
Él cargó con furia, pero Buck siempre se le escapaba.
Woedend stormde hij op hem af, maar Buck glipte steeds weg.
Buck fingió debilidad, lo que lo alejó aún más de la manada.
Buck veinsde zwakte en lokte hem verder van de kudde weg.
Pero los toros jóvenes estaban a punto de atacar para proteger al líder.
Maar jonge stieren zouden terugstormen om de leider te beschermen.
Obligaron a Buck a retirarse y al toro a reincorporarse al grupo.
Ze dwongen Buck om zich terug te trekken en de stier om zich weer bij de groep aan te sluiten.
Hay una paciencia en lo salvaje, profunda e imparable.
Er bestaat geduld in het wild, diep en onstuitbaar.
Una araña espera inmóvil en su red durante incontables horas.
Een spin zit urenlang roerloos in haar web.
Una serpiente se enrosca sin moverse y espera hasta que llega el momento.
Een slang kronkelt zich zonder te trillen en wacht tot het tijd is.
Una pantera acecha hasta que llega el momento.
Een panter ligt op de loer, totdat het moment daar is.
Ésta es la paciencia de los depredadores que cazan para sobrevivir.
Dit is het geduld van roofdieren die jagen om te overleven.

Esa misma paciencia ardía dentro de Buck mientras se quedaba cerca.
Datzelfde geduld brandde ook in Buck terwijl hij dichtbij bleef.
Se quedó cerca de la manada, frenando su marcha y sembrando el miedo.
Hij bleef bij de kudde, vertraagde hun tempo en zaaide angst.
Provocaba a los toros jóvenes y acosaba a las vacas madres.
Hij plaagde de jonge stieren en irriteerde de moederkoeien.
Empujó al toro herido hacia una rabia más profunda e impotente.
Hij dreef de gewonde stier tot een nog diepere, hulpeloze woede.
Durante medio día, la lucha se prolongó sin descanso alguno.
De strijd duurde een halve dag voort, zonder enige rust.
Buck atacó desde todos los ángulos, rápido y feroz como el viento.
Buck viel van alle kanten aan, snel en fel als de wind.
Impidió que el toro descansara o se escondiera con su manada.
Hij zorgde ervoor dat de stier niet kon rusten of zich kon verstoppen bij de kudde.
Buck desgastó la voluntad del alce más rápido que su cuerpo.
Buck brak de wil van de eland sneller af dan zijn lichaam.
El día transcurrió y el sol se hundió en el cielo del noroeste.
De dag verstreek en de zon zakte laag aan de noordwestelijke hemel.
Los toros jóvenes regresaron más lentamente para ayudar a su líder.
De jonge stieren kwamen langzamer terug om hun leider te helpen.
Las noches de otoño habían regresado y la oscuridad ahora duraba seis horas.
De herfstnachten waren teruggekeerd en het duurde nu zes uur lang donker.

El invierno los estaba empujando cuesta abajo hacia valles más seguros y cálidos.
De winter dwong hen bergafwaarts te trekken, naar veiligere, warmere valleien.

Pero aún así no pudieron escapar del cazador que los retenía.
Maar ze konden nog steeds niet ontsnappen aan de jager die hen tegenhield.

Sólo una vida estaba en juego: no la de la manada, sino la de su líder.
Er stond maar één leven op het spel: niet dat van de kudde, maar dat van hun leider.

Eso hizo que la amenaza fuera distante y no su preocupación urgente.
Daardoor leek de dreiging ver weg en was het niet hun dringende zorg.

Con el tiempo, aceptaron ese coste y dejaron que Buck se llevara al viejo toro.
Na verloop van tijd accepteerden ze deze prijs en lieten ze Buck de oude stier meenemen.

Al caer la tarde, el viejo toro permanecía con la cabeza gacha.
Terwijl de schemering inviel, stond de oude stier met zijn kop gebogen.

Observó cómo la manada que había guiado se desvanecía en la luz que se desvanecía.
Hij keek toe hoe de kudde die hij had geleid, in het verdwijnende licht verdween.

Había vacas que había conocido, terneros que una vez había engendrado.
Er waren koeien die hij kende, kalveren die hij ooit had verwekt.

Había toros más jóvenes con los que había luchado y gobernado en temporadas pasadas.
Er waren jongere stieren tegen wie hij in voorgaande seizoenen had gevochten en over wie hij had geregeerd.

No pudo seguirlos, pues frente a él estaba agazapado nuevamente Buck.
Hij kon hen niet volgen, want vóór hem hurkte Buck weer.

El terror despiadado con colmillos bloqueó cualquier camino que pudiera tomar.
De genadeloze angst met zijn slagtanden blokkeerde elk pad dat hij kon bewandelen.
El toro pesaba más de trescientos kilos de densa potencia.
De stier woog meer dan driehonderd kilo aan zware kracht.
Había vivido mucho tiempo y luchado con ahínco en un mundo de luchas.
Hij had lang geleefd en hard gevochten in een wereld vol strijd.
Pero ahora, al final, la muerte vino de una bestia muy inferior a él.
Maar nu, aan het einde, kwam de dood van een beest ver beneden hem.
La cabeza de Buck ni siquiera llegó a alcanzar las enormes rodillas del toro.
Bucks hoofd reikte niet eens tot aan de enorme, gebogen knieën van de stier.
A partir de ese momento, Buck permaneció con el toro noche y día.
Vanaf dat moment bleef Buck dag en nacht bij de stier.
Nunca le dio descanso, nunca le permitió pastar ni beber.
Hij gaf hem nooit rust, liet hem nooit grazen of drinken.
El toro intentó comer brotes tiernos de abedul y hojas de sauce.
De stier probeerde jonge berkenscheuten en wilgenbladeren te eten.
Pero Buck lo ahuyentó, siempre alerta y siempre atacando.
Maar Buck joeg hem weg, altijd alert en altijd aanvallend.
Incluso ante arroyos que goteaban, Buck bloqueó cada intento de sed.
Zelfs bij kabbelende beekjes blokkeerde Buck elke dorstige poging.
A veces, desesperado, el toro huía a toda velocidad.
Soms vluchtte de stier uit wanhoop in volle vaart.
Buck lo dejó correr, trotando tranquilamente detrás, nunca muy lejos.

Buck liet hem rennen en liep rustig vlak achter hem aan, nooit ver weg.

Cuando el alce se detuvo, Buck se acostó, pero se mantuvo listo.

Toen de eland stopte, ging Buck liggen, maar bleef wel klaar.

Si el toro intentaba comer o beber, Buck atacaba con toda furia.

Als de stier probeerde te eten of te drinken, sloeg Buck met volle woede toe.

La gran cabeza del toro se hundió aún más bajo sus enormes astas.

De grote kop van de stier zakte verder door onder de enorme geweien.

Su paso se hizo más lento, el trote se hizo pesado, un paso tambaleante.

Zijn pas werd trager, de draf werd zwaar en de stap werd strompelend.

A menudo se quedaba quieto con las orejas caídas y la nariz pegada al suelo.

Vaak stond hij stil, met hangende oren en zijn neus op de grond.

Durante esos momentos, Buck se tomó tiempo para beber y descansar.

Tijdens die momenten nam Buck de tijd om te drinken en uit te rusten.

Con la lengua afuera y los ojos fijos, Buck sintió que la tierra estaba cambiando.

Met zijn tong uitgestoken en zijn ogen strak gericht, voelde Buck dat het landschap veranderde.

Sintió algo nuevo moviéndose a través del bosque y el cielo.

Hij voelde iets nieuws door het bos en de lucht bewegen.

A medida que los alces regresaban, también lo hacían otras criaturas salvajes.

Toen de elanden terugkwamen, deden ook de andere wilde dieren dat.

La tierra se sentía viva, con presencia, invisible pero fuertemente conocida.

Het land voelde levendig en aanwezig aan, onzichtbaar maar toch sterk bekend.
No fue por el sonido, ni por la vista, ni por el olfato que Buck supo esto.
Buck wist dit niet door het gehoor, het zicht of de geur.
Un sentimiento más profundo le decía que nuevas fuerzas estaban en movimiento.
Een dieper gevoel vertelde hem dat er nieuwe krachten op komst waren.
Una vida extraña se agitaba en los bosques y a lo largo de los arroyos.
Er woedde een vreemd leven in de bossen en langs de beekjes.
Decidió explorar este espíritu, después de que la caza se completara.
Hij besloot deze geest te onderzoeken nadat de jacht was voltooid.
Al cuarto día, Buck finalmente logró derribar al alce.
Op de vierde dag had Buck eindelijk de eland te pakken.
Se quedó junto a la presa durante un día y una noche enteros, alimentándose y descansando.
Hij bleef de hele dag en nacht bij de prooi om te eten en te rusten.
Comió, luego durmió, luego volvió a comer, hasta que estuvo fuerte y lleno.
Hij at, sliep, en at weer, totdat hij sterk en vol was.
Cuando estuvo listo, regresó hacia el campamento y Thornton.
Toen hij klaar was, keerde hij terug naar het kamp en Thornton.
Con ritmo constante, inició el largo viaje de regreso a casa.
Met vaste tred begon hij aan de lange terugreis naar huis.
Corría con su incansable galope, hora tras hora, sin desviarse jamás.
Hij rende onvermoeibaar, urenlang, zonder ook maar één keer af te wijken.
A través de tierras desconocidas, se movió recto como la aguja de una brújula.

Door onbekende landen bewoog hij zich rechtdoor als een kompasnaald.
Su sentido de la orientación hacía que el hombre y el mapa parecieran débiles en comparación.
In vergelijking daarmee leek de mens en de kaart zwak.
A medida que Buck corría, sentía con más fuerza la agitación en la tierra salvaje.
Terwijl Buck rende, voelde hij de opwinding in het ruige landschap steeds sterker.
Era un nuevo tipo de vida, diferente a la de los tranquilos meses de verano.
Het was een nieuw soort leven, anders dan het leven in de rustige zomermaanden.
Este sentimiento ya no llegaba como un mensaje sutil o distante.
Dit gevoel kwam niet langer als een subtiele of verre boodschap.
Ahora los pájaros hablaban de esta vida y las ardillas parloteaban sobre ella.
De vogels spraken over dit leven en de eekhoorns kwetterden erover.
Incluso la brisa susurraba advertencias a través de los árboles silenciosos.
Zelfs de bries fluisterde waarschuwingen door de stille bomen.
Varias veces se detuvo y olió el aire fresco de la mañana.
Meerdere malen bleef hij staan en snoof de frisse ochtendlucht op.
Allí leyó un mensaje que le hizo avanzar más rápido.
Daar las hij een bericht waardoor hij sneller vooruit sprong.
Una fuerte sensación de peligro lo llenó, como si algo hubiera salido mal.
Hij voelde zich ineens heel gevaarlijk, alsof er iets mis was gegaan.
Temía que se avecinara una calamidad, o que ya hubiera ocurrido.
Hij vreesde dat er onheil op komst was, of al gekomen was.

Cruzó la última cresta y entró en el valle de abajo.
Hij stak de laatste bergkam over en kwam in de vallei terecht.
Se movió más lentamente, alerta y cauteloso con cada paso.
Bij iedere stap bewoog hij langzamer, alerter en voorzichtiger.
A tres millas de distancia encontró un nuevo rastro que lo hizo ponerse rígido.
Vijf kilometer verderop vond hij een vers spoor dat hem deed verstijven.
El cabello de su cuello se onduló y se erizó en señal de alarma.
De haren in zijn nek gingen overeind staan van schrik.
El sendero conducía directamente al campamento donde Thornton esperaba.
Het pad leidde rechtstreeks naar het kamp waar Thornton wachtte.
Buck se movió más rápido ahora, su paso era silencioso y rápido.
Buck bewoog nu sneller, zijn passen waren zowel stil als snel.
Sus nervios se tensaron al leer señales que otros no verían.
Hij werd steeds zenuwachtiger toen hij de signalen zag die anderen niet zouden herkennen.
Cada detalle del recorrido contaba una historia, excepto la pieza final.
Elk detail van de route vertelde een verhaal, behalve het laatste stuk.
Su nariz le contaba sobre la vida que había transcurrido por allí.
Zijn neus vertelde hem over het leven dat hier voorbij was gegaan.
El olor le dio una imagen cambiante mientras lo seguía de cerca.
De geur wekte een veranderend beeld op terwijl hij hem dicht volgde.
Pero el bosque mismo había quedado en silencio; anormalmente quieto.
Maar het bos zelf was stil geworden; onnatuurlijk stil.

Los pájaros habían desaparecido, las ardillas estaban escondidas, silenciosas y quietas.
Vogels waren verdwenen, eekhoorns waren verborgen, stil en onbeweeglijk.
Sólo vio una ardilla gris, tumbada sobre un árbol muerto.
Hij zag slechts één grijze eekhoorn, plat op een dode boom.
La ardilla se mimetizó, rígida e inmóvil como una parte del bosque.
De eekhoorn ging op in de omgeving, stijf en bewegingloos als een deel van het bos.
Buck se movía como una sombra, silencioso y seguro entre los árboles.
Buck bewoog zich als een schaduw, stil en zeker door de bomen.
Su nariz se movió hacia un lado como si una mano invisible la tirara.
Zijn neus bewoog opzij, alsof er door een onzichtbare hand aan werd getrokken.
Se giró y siguió el nuevo olor hasta lo profundo de un matorral.
Hij draaide zich om en volgde de nieuwe geur tot diep in het struikgewas.
Allí encontró a Nig, que yacía muerto, atravesado por una flecha.
Daar vond hij Nig, dood liggend, doorboord door een pijl.
La flecha atravesó su cuerpo y aún se le veían las plumas.
De pijl ging dwars door zijn lichaam heen, en zijn veren waren nog zichtbaar.
Nig se arrastró hasta allí, pero murió antes de llegar para recibir ayuda.
Nig had zichzelf erheen gesleept, maar stierf voordat hij hulp kon bereiken.
Cien metros más adelante, Buck encontró otro perro de trineo.
Honderd meter verderop zag Buck nog een sledehond.
Era un perro que Thornton había comprado en Dawson City.
Het was een hond die Thornton had gekocht in Dawson City.

El perro se encontraba en una lucha a muerte, agitándose con fuerza en el camino.
De hond was in een doodsstrijd verwikkeld en spartelde hevig op het pad.
Buck pasó a su alrededor, sin detenerse, con los ojos fijos hacia adelante.
Buck liep langs hem heen, bleef niet stilstaan en hield zijn ogen strak voor zich uit gericht.
Desde la dirección del campamento llegaba un canto distante y rítmico.
Vanuit de richting van het kamp klonk in de verte een ritmisch gezang.
Las voces subían y bajaban en un tono extraño, inquietante y cantarín.
Stemmen rezen en daalden in een vreemde, griezelige, zangerige toon.
Buck se arrastró hacia el borde del claro en silencio.
Buck kroop zwijgend naar de rand van de open plek.
Allí vio a Hans tendido boca abajo, atravesado por muchas flechas.
Daar zag hij Hans liggen, met zijn gezicht naar beneden, doorboord door vele pijlen.
Su cuerpo parecía el de un puercoespín, erizado de plumas.
Zijn lichaam leek op een stekelvarken, vol met veren.
En ese mismo momento, Buck miró hacia la cabaña en ruinas.
Op hetzelfde moment keek Buck naar de verwoeste lodge.
La visión hizo que se le erizara el pelo de la nuca y de los hombros.
Deze aanblik deed de haren in zijn nek en schouders overeind staan.
Una tormenta de furia salvaje recorrió todo el cuerpo de Buck.
Een storm van woeste woede ging door Bucks hele lichaam.
Gruñó en voz alta, aunque no sabía que lo había hecho.
Hij gromde luid, hoewel hij niet wist dat hij dat deed.
El sonido era crudo, lleno de furia aterradora y salvaje.

Het geluid was rauw en vol angstaanjagende, wilde woede.
Por última vez en su vida, Buck perdió la razón ante la emoción.
Voor de laatste keer in zijn leven verloor Buck zijn rede voor emoties.
Fue el amor por John Thornton lo que rompió su cuidadoso control.
Het was de liefde voor John Thornton die zijn zorgvuldige controle verbrak.
Los Yeehats estaban bailando alrededor de la cabaña de abetos en ruinas.
De Yeehats dansten rond het verwoeste sparrenhouten huisje.
Entonces se escuchó un rugido y una bestia desconocida cargó hacia ellos.
Toen klonk er een gebrul en een onbekend beest stormde op hen af.
Era Buck; una furia en movimiento; una tormenta viviente de venganza.
Het was Buck; een woedende, levende storm van wraak.
Se arrojó en medio de ellos, loco por la necesidad de matar.
Hij wierp zich midden tussen hen in, waanzinnig van de drang om te doden.
Saltó hacia el primer hombre, el jefe Yeehat, y acertó.
Hij sprong op de eerste man af, de Yeehat-leider, en trof doel.
Su garganta fue desgarrada y la sangre brotó a chorros.
Zijn keel was opengereten en het bloed spoot eruit.
Buck no se detuvo, sino que desgarró la garganta del siguiente hombre de un salto.
Buck stopte niet, maar scheurde met één sprong de keel van de volgende man open.
Era imparable: desgarraba, cortaba y nunca se detenía a descansar.
Hij was niet te stoppen: hij scheurde en hakte erop los, zonder ooit even stil te staan.
Se lanzó y saltó tan rápido que sus flechas no pudieron tocarlo.

Hij schoot en sprong zo snel dat de pijlen hem niet konden raken.
Los Yeehats estaban atrapados en su propio pánico y confusión.
De Yeehats raakten in paniek en verwarring.
Sus flechas no alcanzaron a Buck y se alcanzaron entre sí.
Hun pijlen misten Buck en raakten elkaar.
Un joven le lanzó una lanza a Buck y golpeó a otro hombre.
Eén jongere gooide een speer naar Buck en raakte daarmee een andere man.
La lanza le atravesó el pecho y la punta le atravesó la espalda.
De speer drong door zijn borstkas en de punt drong in zijn rug door.
El terror se apoderó de los Yeehats y se retiraron por completo.
Er ontstond paniek onder de Yeehats en ze sloegen op de vlucht.
Gritaron al Espíritu Maligno y huyeron hacia las sombras del bosque.
Ze schreeuwden om de Boze Geest en vluchtten de schaduwen van het bos in.
En verdad, Buck era como un demonio mientras perseguía a los Yeehats.
Buck gedroeg zich werkelijk als een duivel toen hij de Yeehats achtervolgde.
Él los persiguió a través del bosque, derribándolos como si fueran ciervos.
Hij rende achter hen aan door het bos en doodde hen als herten.
Se convirtió en un día de destino y terror para los asustados Yeehats.
Het werd een dag van noodlot en angst voor de bange Yeehats.
Se dispersaron por toda la tierra, huyendo lejos en todas direcciones.

Ze verspreidden zich over het land en vluchtten alle kanten op.
Pasó una semana entera antes de que los últimos supervivientes se reunieran en un valle.
Er ging een hele week voorbij voordat de laatste overlevenden elkaar in een vallei ontmoetten.
Sólo entonces contaron sus pérdidas y hablaron de lo sucedido.
Pas toen telden ze hun verliezen en spraken ze over wat er gebeurd was.
Buck, después de cansarse de la persecución, regresó al campamento en ruinas.
Buck was moe van de achtervolging en keerde terug naar het verwoeste kamp.
Encontró a Pete, todavía en sus mantas, muerto en el primer ataque.
Hij vond Pete, nog steeds onder zijn dekens, gedood bij de eerste aanval.
Las señales de la última lucha de Thornton estaban marcadas en la tierra cercana.
Sporen van Thorntons laatste strijd waren in het nabijgelegen stof te zien.
Buck siguió cada rastro, olfateando cada marca hasta un punto final.
Buck volgde elk spoor en besnuffelde elk spoor tot hij een eindpunt had bereikt.
En el borde de un estanque profundo, encontró al fiel Skeet, tumbado inmóvil.
Aan de rand van een diepe poel vond hij de trouwe Skeet, stil liggend.
La cabeza y las patas delanteras de Skeet estaban en el agua, inmóviles por la muerte.
Skeets hoofd en voorpoten stonden roerloos in het water, dood.
La piscina estaba fangosa y contaminada por el agua que salía de las compuertas.

Het bassin was modderig en vervuild met afvalwater uit de sluiskasten.
Su superficie nublada ocultaba lo que había debajo, pero Buck sabía la verdad.
Het bewolkte oppervlak verborg wat eronder lag, maar Buck kende de waarheid.
Siguió el rastro del olor de Thornton hasta la piscina, pero el olor no lo condujo a ningún otro lugar.
Hij volgde Thorntons geur tot in het zwembad, maar de geur leidde nergens anders heen.
No había ningún olor que indicara que salía, solo el silencio de las aguas profundas.
Er was geen geur die naar buiten leidde, alleen de stilte van het diepe water.
Buck permaneció todo el día cerca de la piscina, paseando de un lado a otro del campamento con tristeza.
Buck bleef de hele dag bij het zwembad en liep verdrietig heen en weer door het kamp.
Vagaba inquieto o permanecía sentado en silencio, perdido en pesados pensamientos.
Hij dwaalde rusteloos rond of zat stil, verzonken in zware gedachten.
Él conocía la muerte; el fin de la vida; la desaparición de todo movimiento.
Hij kende de dood, het einde van het leven, het verdwijnen van alle beweging.
Comprendió que John Thornton se había ido y que nunca regresaría.
Hij begreep dat John Thornton weg was en nooit meer terug zou komen.
La pérdida dejó en él un vacío que palpitaba como el hambre.
Het verlies liet een lege plek in hem achter, die klopte als honger.
Pero ésta era un hambre que la comida no podía calmar, por mucho que comiera.

Maar het was een honger die hij niet kon stillen, hoeveel hij ook at.

A veces, mientras miraba a los Yeehats muertos, el dolor se desvanecía.

Soms, als hij naar de dode Yeehats keek, verdween de pijn.

Y entonces un orgullo extraño surgió dentro de él, feroz y completo.

En toen welde er een vreemde trots in hem op, hevig en volkomen.

Había matado al hombre, la presa más alta y peligrosa de todas.

Hij had de mens gedood, het hoogste en gevaarlijkste spel dat er bestaat.

Había matado desafiando la antigua ley del garrote y el colmillo.

Hij had gedood in strijd met de eeuwenoude wet van knots en slagtand.

Buck olió sus cuerpos sin vida, curioso y pensativo.

Buck besnuffelde hun levenloze lichamen, nieuwsgierig en nadenkend.

Habían muerto con tanta facilidad, mucho más fácil que un husky en una pelea.

Ze waren zo gemakkelijk gestorven, veel gemakkelijker dan een husky in een gevecht.

Sin sus armas, no tenían verdadera fuerza ni representaban una amenaza.

Zonder hun wapens waren ze niet echt sterk of gevaarlijk.

Buck nunca volvería a temerles, a menos que estuvieran armados.

Buck zou nooit meer bang voor ze zijn, tenzij ze bewapend zijn.

Sólo tenía cuidado cuando llevaban garrotes, lanzas o flechas.

Alleen wanneer ze knuppels, speren of pijlen bij zich hadden, was hij op zijn hoede.

Cayó la noche y la luna llena se elevó por encima de las copas de los árboles.
De nacht viel en een volle maan verscheen hoog boven de boomtoppen.

La pálida luz de la luna bañaba la tierra con un resplandor suave y fantasmal, como el del día.
Het zwakke maanlicht hulde het land in een zacht, spookachtig schijnsel, alsof het dag was.

A medida que la noche avanzaba, Buck seguía de luto junto al estanque silencioso.
Terwijl de nacht vorderde, rouwde Buck nog steeds bij de stille poel.

Entonces se dio cuenta de que había un movimiento diferente en el bosque.
Toen merkte hij dat er iets anders in het bos gebeurde.

El movimiento no provenía de los Yeehats, sino de algo más antiguo y más profundo.
De aanleiding voor deze actie was niet de Yeehats, maar iets wat ouder en dieper was.

Se puso de pie, con las orejas levantadas y la nariz palpando la brisa con cuidado.
Hij stond op, met gespitste oren, en tastte voorzichtig de wind af met zijn neus.

Desde lejos llegó un grito débil y agudo que rompió el silencio.
Van veraf klonk een zwakke, scherpe kreet die de stilte doorbrak.

Luego, un coro de gritos similares siguió de cerca al primero.
Daarna volgde een koor met soortgelijke kreten, vlak na de eerste.

El sonido se acercaba cada vez más y se hacía más fuerte a cada momento que pasaba.
Het geluid kwam dichterbij en werd met elk moment luider.

Buck conocía ese grito: venía de ese otro mundo en su memoria.
Buck kende deze kreet, hij hoorde hem vanuit die andere wereld in zijn geheugen.

Caminó hasta el centro del espacio abierto y escuchó atentamente.
Hij liep naar het midden van de open ruimte en luisterde aandachtig.
El llamado resonó, múltiple y más poderoso que nunca.
De roep klonk luid en duidelijk, krachtiger dan ooit.
Y ahora, más que nunca, Buck estaba listo para responder a su llamado.
En nu, meer dan ooit tevoren, was Buck klaar om zijn roeping te beantwoorden.
John Thornton había muerto y ya no tenía ningún vínculo con el hombre.
John Thornton was dood. Hij voelde zich niet meer verbonden met de mens.
El hombre y todos sus derechos humanos habían desaparecido: él era libre por fin.
De mens en alle menselijke aanspraken waren verdwenen: hij was eindelijk vrij.
La manada de lobos estaba persiguiendo carne como lo hicieron alguna vez los Yeehats.
De roedel wolven was op jacht naar vlees, net zoals de Yeehats dat vroeger ook deden.
Habían seguido a los alces desde las tierras boscosas.
Ze waren de elanden vanuit het bosgebied gevolgd.
Ahora, salvajes y hambrientos de presa, cruzaron hacia su valle.
Nu staken ze, wild en hongerig naar prooi, de vallei over.
Llegaron al claro iluminado por la luna, fluyendo como agua plateada.
Ze kwamen de open plek in het maanlicht binnen, stromend als zilverkleurig water.
Buck permaneció quieto en el centro, inmóvil y esperándolos.
Buck bleef roerloos in het midden staan en wachtte op hen.
Su tranquila y gran presencia dejó a la manada en un breve silencio.
Zijn kalme, grote aanwezigheid deed de roedel even zwijgen.

Entonces el lobo más atrevido saltó hacia él sin dudarlo.
Toen sprong de stoutmoedigste wolf zonder aarzelen recht op hem af.
Buck atacó rápidamente y rompió el cuello del lobo de un solo golpe.
Buck sloeg snel toe en brak met één enkele klap de nek van de wolf.
Se quedó inmóvil nuevamente mientras el lobo moribundo se retorcía detrás de él.
Hij bleef weer roerloos staan, terwijl de stervende wolf zich achter hem omdraaide.
Tres lobos más atacaron rápidamente, uno tras otro.
Drie andere wolven vielen snel aan, de een na de ander.
Todos retrocedieron sangrando, con la garganta o los hombros destrozados.
Ze kwamen allemaal bloedend terug, met doorgesneden keel of schouders.
Eso fue suficiente para que toda la manada se lanzara a una carga salvaje.
Dat was voor de hele roedel aanleiding om in een wilde aanval te gaan.
Se precipitaron juntos, demasiado ansiosos y apiñados para golpear bien.
Ze stormden gezamenlijk naar binnen, te gretig en te dicht op elkaar om goed toe te slaan.
La velocidad y habilidad de Buck le permitieron mantenerse por delante del ataque.
Dankzij Bucks snelheid en vaardigheid kon hij de aanval voorblijven.
Giró sobre sus patas traseras, chasqueando y golpeando en todas direcciones.
Hij draaide zich om op zijn achterpoten en sloeg en sloeg in alle richtingen.
Para los lobos, esto parecía como si su defensa nunca se abriera ni flaqueara.
Voor de wolven leek het erop dat zijn verdediging nooit wankelde.

Se giró y atacó tan rápido que no pudieron alcanzarlo.
Hij draaide zich om en sloeg zo snel toe dat ze niet achter hem konden komen.
Sin embargo, su número le obligó a ceder terreno y retroceder.
Toch dwongen hun aantallen hem om terrein prijs te geven en zich terug te trekken.
Pasó junto a la piscina y bajó al lecho rocoso del arroyo.
Hij liep langs de poel en de rotsachtige kreekbedding in.
Allí se topó con un empinado banco de grava y tierra.
Daar stuitte hij op een steile helling van grind en aarde.
Se metió en un rincón cortado durante la antigua excavación de los mineros.
Hij belandde in een hoek die was afgesneden tijdens het oude graafwerk van de mijnwerkers.
Ahora, protegido por tres lados, Buck se enfrentaba únicamente al lobo frontal.
Nu, beschermd aan drie kanten, hoefde Buck alleen nog maar de voorste wolf te trotseren.
Allí se mantuvo a raya, listo para la siguiente ola de asalto.
Daar stond hij op afstand, klaar voor de volgende aanvalsgolf.
Buck se mantuvo firme con tanta fiereza que los lobos retrocedieron.
Buck hield zo stand dat de wolven zich terugtrokken.
Después de media hora, estaban agotados y visiblemente derrotados.
Na een half uur waren ze uitgeput en zichtbaar verslagen.
Sus lenguas colgaban y sus colmillos blancos brillaban a la luz de la luna.
Hun tongen hingen uit en hun witte hoektanden glinsterden in het maanlicht.
Algunos lobos se tumbaron, con la cabeza levantada y las orejas apuntando hacia Buck.
Sommige wolven gingen liggen, met hun hoofd omhoog en hun oren gespitst in de richting van Buck.
Otros permanecieron inmóviles, alertas y observando cada uno de sus movimientos.

Anderen stonden stil, alert en hielden elke beweging van hem in de gaten.
Algunos se acercaron a la piscina y bebieron agua fría.
Enkelen gingen naar het zwembad en dronken wat koud water.
Entonces un lobo gris, largo y delgado, se acercó sigilosamente.
Toen kroop er een lange, magere grijze wolf zachtjes naar voren.
Buck lo reconoció: era el hermano salvaje de antes.
Buck herkende hem: het was de wilde broer van net.
El lobo gris gimió suavemente y Buck respondió con un gemido.
De grijze wolf jankte zachtjes en Buck antwoordde met een jank.
Se tocaron las narices, en silencio y sin amenaza ni miedo.
Ze raakten elkaars neuzen aan, stilletjes en zonder bedreiging of angst.
Luego vino un lobo más viejo, demacrado y lleno de cicatrices por muchas batallas.
Daarna kwam er een oudere wolf, mager en met littekens van de vele gevechten.
Buck empezó a gruñir, pero se detuvo y olió la nariz del viejo lobo.
Buck begon te grommen, maar hield even op en besnuffelde de neus van de oude wolf.
El viejo se sentó, levantó la nariz y aulló a la luna.
De oude man ging zitten, hief zijn neus op en huilde naar de maan.
El resto de la manada se sentó y se unió al largo aullido.
De rest van de roedel ging zitten en zong mee in het lange gehuil.
Y ahora el llamado llegó a Buck, inconfundible y fuerte.
En nu bereikte Buck de roep, onmiskenbaar en krachtig.
Se sentó, levantó la cabeza y aulló con los demás.
Hij ging zitten, hief zijn hoofd op en huilde met de anderen mee.

Cuando terminaron los aullidos, Buck salió de su refugio rocoso.
Toen het gehuil ophield, stapte Buck uit zijn rotsachtige schuilplaats.

La manada se cerró a su alrededor, olfateando con amabilidad y cautela.
De roedel sloot zich om hem heen en begon vriendelijk en voorzichtig te snuffelen.

Entonces los líderes dieron un grito y salieron corriendo hacia el bosque.
Toen gaven de leiders een gil en renden het bos in.

Los demás lobos los siguieron, aullando a coro, salvajes y rápidos en la noche.
De andere wolven volgden, jankend in koor, wild en snel in de nacht.

Buck corrió con ellos, al lado de su hermano salvaje, aullando mientras corría.
Buck rende met hen mee, naast zijn wilde broer, en huilde terwijl hij rende.

Aquí la historia de Buck llega bien a su fin.
Hier komt het verhaal van Buck mooi tot een einde.

En los años siguientes, los Yeehat notaron lobos extraños.
In de jaren die volgden, merkten de Yeehats vreemde wolven op.

Algunos tenían la cabeza y el hocico de color marrón y el pecho de color blanco.
Sommigen hadden bruin op hun kop en snuit, en wit op hun borst.

Pero aún más temían una figura fantasmal entre los lobos.
Maar ze waren nog banger voor een spookachtige figuur onder de wolven.

Hablaban en susurros del Perro Fantasma, líder de la manada.
Ze spraken fluisterend over de Geesthond, de leider van de roedel.

Este perro fantasma tenía más astucia que el cazador Yeehat más audaz.
Deze Spookhond was sluwer dan de dapperste Yeehat-jager.
El perro fantasma robó de los campamentos en pleno invierno y destrozó sus trampas.
De spookhond stal midden in de winter uit de kampen en scheurde hun vallen kapot.
El perro fantasma mató a sus perros y escapó de sus flechas sin dejar rastro.
De spookhond doodde hun honden en ontsnapte spoorloos aan de pijlen.
Incluso sus guerreros más valientes temían enfrentarse a este espíritu salvaje.
Zelfs hun dapperste krijgers waren bang om deze wilde geest onder ogen te komen.
No, la historia se vuelve aún más oscura a medida que pasan los años en la naturaleza.
Nee, het verhaal wordt nog donkerder naarmate de jaren in de wildernis verstrijken.
Algunos cazadores desaparecen y nunca regresan a sus campamentos distantes.
Sommige jagers verdwijnen en keren nooit meer terug naar hun afgelegen kampen.
Otros aparecen con la garganta abierta, muertos en la nieve.
Anderen worden met doorgesneden keel gevonden, gedood in de sneeuw.
Alrededor de sus cuerpos hay huellas más grandes que las que cualquier lobo podría dejar.
Rondom hun lichamen bevinden zich sporen, groter dan welke wolf dan ook zou kunnen maken.
Cada otoño, los Yeehats siguen el rastro del alce.
Elk najaar volgen de Yeehats het spoor van de elanden.
Pero evitan un valle con el miedo grabado en lo profundo de sus corazones.
Maar ze vermijden één vallei, met angst die diep in hun hart is gekerfd.

Dicen que el valle fue elegido por el Espíritu Maligno para vivir.
Ze zeggen dat de vallei door de Boze Geest is uitgekozen als zijn woonplaats.
Y cuando se cuenta la historia, algunas mujeres lloran junto al fuego.
En als het verhaal verteld is, zitten er vrouwen bij het vuur te huilen.
Pero en verano, un visitante llega a ese tranquilo valle sagrado.
Maar in de zomer komt er een bezoeker naar die stille, heilige vallei.
Los Yeehats no saben de él, ni tampoco pueden entenderlo.
De Yeehats wisten niets van zijn bestaan en konden het ook niet begrijpen.
El lobo es grande, revestido de gloria, como ningún otro de su especie.
De wolf is een geweldig dier, bedekt met glorie, zoals geen ander in zijn soort.
Él solo cruza el bosque verde y entra en el claro.
Hij alleen steekt het groene bos over en betreedt de open plek in het bos.
Allí, el polvo dorado de los sacos de piel de alce se filtra en el suelo.
Daar sijpelt het gouden stof van elandenhuidzakken in de grond.
La hierba y las hojas viejas han ocultado el amarillo al sol.
Gras en oude bladeren verbergen het geel voor de zon.
Aquí, el lobo permanece en silencio, pensando y recordando.
Hier staat de wolf in stilte, nadenkend en herinnerend.
Aúlla una vez, largo y triste, antes de darse la vuelta para irse.
Hij huilt één keer – lang en treurig – voordat hij zich omdraait om weg te gaan.
Pero no siempre está solo en la tierra del frío y la nieve.
Toch is hij niet altijd alleen in het land van kou en sneeuw.

Cuando las largas noches de invierno descienden sobre los valles inferiores.
Wanneer lange winternachten over de lager gelegen valleien neerdalen.
Cuando los lobos persiguen a la presa a través de la luz de la luna y las heladas.
Als de wolven het wild volgen in het maanlicht en bij vorst.
Luego corre a la cabeza del grupo, saltando alto y salvajemente.
Dan rent hij voorop en springt hoog en wild.
Su figura se eleva sobre las demás y su garganta está llena de canciones.
Zijn gestalte torent boven de anderen uit, zijn keel klinkt van gezang.
Es la canción del mundo más joven, la voz de la manada.
Het is het lied van de jongere wereld, de stem van de roedel.
Canta mientras corre: fuerte, libre y eternamente salvaje.
Hij zingt terwijl hij rent: sterk, vrij en altijd wild.

www.ingramcontent.com/pod-product-compliance
Lightning Source LLC
Chambersburg PA
CBHW010029040426
42333CB00048B/2768

9781805728450